明治日本の産業革命遺産

WORLD HERITAGE SITE

ラストサムライの挑戦！

技術立国ニッポンはここから始まった！

岡田 晃

集英社

明治日本の産業革命遺産

幕末から明治期に〝サムライたち〟が近代化に挑戦した23の産業遺産が一括して世界遺産に登録されている。遺産は8県にまたがるが、これらが日本経済の発展と今日のモノづくりの原点となった

製鉄・製鋼

【韮山】 韮山反射炉

伊豆の代官・江川英龍が建設した。幕末期、外国の侵略を防ぐため大砲を製造する反射炉が各地で建設されたが、その中で唯一完全な姿を残している（静岡県伊豆の国市、筆者撮影）

【釜石】

橋野鉄鉱山

盛岡藩士・大島高任が反射炉技術を引き継ぎ建設した日本初の洋式高炉跡。試験炉が後に三番高炉となり、続いて一番高炉、二番高炉が建設された（筆者撮影）

現在、3基の高炉跡が残っている。写真上から三番高炉、二番高炉、一番高炉

【鹿児島】 旧集成館

薩摩藩主・島津斉彬が建設させた反射炉跡。藩士たちは蘭書の翻訳本だけを頼りに完成にこぎつけた。現在は基礎の石組みが残る（筆者撮影）

【萩】

大板山たたら製鉄遺跡、萩反射炉

大板山たたら製鉄所では江戸時代から伝統的な製法で鉄製品を製造していた。幕末期、長州藩はここで作った釘や碇などを使い軍艦建造に乗り出した（写真下　©萩市）
反射炉は、1856年頃に完成したとみられている（写真右　筆者撮影）

【長崎】

三菱長崎造船所第三船渠

1905年の完成当時、日本最大だった。その後拡張されたが、現在も稼働中。右下写真は、同船渠に入渠中の地洋丸（1907年進水）、1908年の撮影　©三菱重工業長崎造船所

造船

【長崎】

ジャイアント・カンチレバークレーン

高さ61メートル、アーム長さ73メートルにおよび、最大吊り能力150トン。1909年に完成し、現在も稼働中。右下写真は、1913年の撮影　©三菱重工業長崎造船所

石炭産業

【三池】 宮原坑

三井鉱山三池炭鉱の主力坑だった宮原坑と専用鉄道敷跡。ここで採掘された石炭は専用鉄道で三池港まで運ばれ船積みされた（筆者撮影）

【三池】 万田坑

宮原坑に続いて開削された万田坑。坑口には当時の櫓や関連建物が残っている（筆者撮影）

【長崎】

端島炭坑（軍艦島）

周囲わずか1.2キロ、面積6.3ヘクタール（当初はその3分の1）の軍艦島は三菱の主力坑として発展した。現在は廃墟となっているが、当時の面影を残している（写真上は©長崎県、他の2枚は筆者撮影）

【三池】 三池港

石炭積み出しのため、1908年に完成。港全体が羽ばたくハチドリのような美しい形になっている。直線状の防砂堤（画面の左下方）の長さは1.8キロにおよぶ　©大牟田市

【三池】

三角西港

石炭積み出しの補助港として1887年に築港され、三池港の完成に伴い役割を終えた。現在は静かな港となっており、往年の賑わいを偲ばせる（筆者撮影）

明治日本の
産業革命遺産

WORLD HERITAGE SITE

ラストサムライの挑戦!

技術立国ニッポンはここから始まった!

岡田 晃

集英社

〈目次〉

第二章　志士の息吹を今に伝える長州・萩 ――吉田松陰から伊藤博文へ――

第三章　実は近代化のトップランナーだった佐賀
――「地方創生」の先駆け――

第五章　陰のプロデューサー、トーマス・グラバー
――〝近代化特区〟となった長崎――

第六章　長崎から世界へ――造船大国ニッポンの船出――

第七章　反射炉から釜石、そして八幡へ
――産業革命の主役「鉄」――

第八章　産業革命のエネルギーを支えた石炭産業
――育ての親・團琢磨――

（写真提供）
カバー・別丁扉／新日鐵住金株式会社　八幡製鐵所
表紙／大牟田市石炭産業科学館

はじめに
——明治一五〇年が教える〝日本の底力〟——

幕府が設立した長崎製鉄所のオランダ人指導員と鍛冶職人たち（1862年頃）
©三菱重工業長崎造船所

日本最大のピンチをチャンスに変えた明治維新

二〇一八年は明治改元から一五〇年の節目の年にあたる。明治維新によって日本は近代化を成し遂げ、わずか数十年で世界有数の大国となった。西洋技術を積極的に導入して近代産業を発展させ、世界でも例を見ない経済成長を実現したのだった。と同時に、廃藩置県、四民平等、学制の発令、徴兵令、廃刀令など、国の制度や仕組みを根本から変える改革を矢継ぎ早に断行した。驚くべきエネルギーである。こうして明治時代に形成された経済・社会の姿が今日の日本の基礎を作っている。

しかし実は明治維新の前、日本は最大のピンチに直面していた。ペリー率いる黒船の来航によって泰平の眠りから目覚めさせられた日本人は、欧米列強による侵略の危機が目の前に迫っていることを知ったのだ。その危機を乗り越えるため、薩摩や長州などいわゆる西南雄藩は必死になって軍事力と経済力の強化を進めた。このエネルギーが明治維新を成し遂げる原動力になったのである。いわば、ピンチをチャンスに変えたわけだ。

少し意外に思われるかもしれないが、幕府も同じように近代化に取り組んでいた。欧米列強に対抗するにはまず海軍力の強化が急務と考えた幕府は長崎海軍伝習所を設立し、勝海舟や榎本武揚《えのもとたけあき》など幕臣に航海術や砲術、測量術などを学ばせた。

しかも幕府はこの海軍伝習所を自分たちだけで独占するのではなく、各藩にも参加を呼びかけたのだ。これに応じて有力藩は藩士を伝習生（学生）として派遣した。ここで学んだ藩士たちはその成果を藩に持ち帰り、各藩はそれを活かして人材育成と技術力の向上に役立てていく。

その中には、若き日の薩摩藩士・五代友厚《ともあつ》がいた。五代にとって、海軍伝習所で西洋の船について深く学んだことが彼の人生に大きな影響を与えた。その後、五代は西洋から蒸気船を購入する藩の担当となり、さらには密かに英国に渡り武器弾薬や紡績機械の大量買い付けを行った。これが薩摩藩の軍事力と経済力の強化に大いに役立ち、薩摩は討幕を果たすことができたのだった。

幕府が作った海軍伝習所で学んだ人材が、やがて討幕のために活躍するのだから、歴史とは皮肉な一面を持っているものだ。しかし〝オール・ニッポン〟としては幕府の努力もまた歴史に貢献したと言える。

こうして薩摩・長州などが中心となって幕府を倒し明治維新が実現する。新政府は富国強兵と殖産興業を推進し、紡績、造船、鉄鋼、石炭などの産業が短期間で発展していった。産業革命である。急成長を遂げた経済力を背景に、日本は欧米列強からの侵略を免れ近代国家の仲間入りを果たしたのだった。

世界遺産「明治日本の産業革命遺産」は日本のモノづくりの原点

二〇一五年七月に世界遺産に登録された「明治日本の産業革命遺産　製鉄・製鋼、造船、石炭産業」は、そのような日本の近代化の足跡を示している。同遺産は幕末から明治にかけての産業施設や史跡群で、鹿児島、長崎など九州各地や山口から静岡、岩手の八県にまたがる二三の施設で構成されている。

その内容は、長崎市の旧グラバー住宅や端島炭鉱（軍艦島）、山口県萩市の松下村塾《しょうかそんじゅく》、鹿児島市の旧集成館《しゅうせいかん》、静岡県伊豆の国市の韮山《にらやま》反射炉など多彩で、全体を通して見ると、近代化に挑戦して試行錯誤を繰り返した時期から、明治維新、そして産業革命へと発展していった過程がよくわかるようになっている。

「明治日本の産業革命遺産」は、他の世界遺産にはあまり見られない特徴を持っている。その一つは、「シリアル・ノミネーション」方式で世界遺産に登録されたこと。これは、複数の資産が関連しあって全体として一つのテーマで価値を有すると認められ、一括して登録される方式のことだ。「シリアル・ノミネーション」方式で世界遺産に登録された例は他にもあるが、「明治日本の産業革命遺産」ほど地理的に広範囲に分散し、内容もそれぞれが別々に見えるものが含まれるケースは珍しい。

実際、二三の構成資産はお互いに技術的にも人的にもつながりを持っていた。例えば、アヘン戦争など欧米列強によるアジア進出に危機感を抱いた薩摩藩主・島津斉彬《なりあきら》が自前で大砲を製造することを決断、先行していた佐賀藩から大砲製造法の蘭書の翻訳本を取り寄せ、それをもとに反射炉の建設に乗り出した。佐賀藩ではすでに反射炉の建設に成功していたが、その技術は幕府の韮山反射炉や長州の萩反射炉にも伝わった。

さらに薩摩の反射炉技術は水戸藩を中継して盛岡（南部）藩に伝えられ、日本初の洋式高炉となる橋野高炉（現・岩手県釜石市）が建設された。これが明治に入って官営釜石製鉄所、さらに官営八幡製鉄所に受け継がれていく。

このうち、佐賀藩と水戸藩の反射炉は現存していないが、薩摩、萩、韮山の各反射炉、橋野高炉跡、官営八幡製鉄所の一部施設が世界遺産となっている。

「明治日本の産業革命遺産」のもう一つの特徴は、稼働中の施設も含まれていることだ。三菱長崎造船所（現・三菱重工業長崎造船所）のドックや巨大クレーン、官営八幡製鉄所（現・新日鉄住金八幡製鉄所）の一部工場、三池港の一部施設などで、いずれも何と一〇〇年以上にわたって稼働し続けている。

これらは西洋から導入した最新技術を日本の在来技術と融合させて短期間で自分のものにし、明治期の産業革命を完成させたことを示すと同時に、日本のモノづくり技術の水準の高さ、オペレーションやメンテナンスの面でも丁寧できめの細かい日本製造業の特質をよく表している。まさに「明治日本の産業革命遺産」は日本のモノづくりの原点であり、日本経済の底力のルーツであると言えよう。

今日の日本経済の土台を作った明治維新と「産業革命遺産」

ところで、明治維新については「富国強兵策が日本の軍国主義化と太平洋戦争につながった」といった批判的見方がある。戦前の軍国主義や太平洋戦争と同じことを繰り返してはならないのは言うまでもない。しかし明治維新が直接的に太平洋戦争に結びついたわけではない。

明治維新前後の日本を取り巻く国際情勢を見れば、日本は欧米列強による侵略の危機にさらされていたという事実を見落としてはならない。侵略の危機から身を守るためには、国力を高めることが不可欠だった。重要なことは、ここでいう国力とは軍事力だけではなく経済力が大きなカギを握っていたという点だ。だからこそ殖産興業政策がとられ、産業革命を実現したのだった。これがなければ、今日の日本経済の姿もなかったと言っても過言ではない。

さらに日本は敗戦後の焼け野原から驚異の復興を遂げ、高度経済成長を果たした。それができたのは我々の先輩世代の人たちが懸命に努力したおかげだが、同時にすでに戦前の経済発展が高いレベルに達していたことが背景にある。その土台があったからこそ、戦後にゼロの状態から短期間で立ち上がることが可能だったのである。その原点は明治維新にあったことを忘れてはならない。

その土台を作った先人たちの努力は並大抵ではなかった。幕末期に佐賀藩が洋書の翻訳本だけを頼りに反射炉を建設しようとしたとき、何度も試作品を作っては失敗し、ついに責任者は切腹したいと申し出たという。しかし藩主が思いとどまらせ、最後は大砲製造に成功する。明治になり官営八幡製鉄所は国家的プロジェクトとなったが、操業当初はなかなかうまくいかず、火入れした高炉をいったん休止せざるを得ないところまで追い詰められたこともあったほどだ。しかしその試練を乗り越えて安定操業にこぎつけ、八幡製鉄所はやがて日本経済の屋台骨となった。

こうして失敗や挫折を味わい試行錯誤を繰り返しながらも、彼らは決してあきらめず、成功に導いていった。そこには、日本の近代化のために挑戦し続けるという高い志があった。それは歴史に名を残したリーダーだけではなく、数多くの無名の人々に至るまで皆同じだった。

今から十数年前、ＮＨＫの『プロジェクトＸ《エックス》』というテレビ番組があった。戦後の復興期から高度経済成長期を中心に、新製品開発や建設事業などで技術者や開発担当者が数々の困難を克服して成功した様子を描いた番組だったが、多くの視聴者は彼らの挑戦と努力に元気づけられ、日本経済の技術力の源泉や底力を感じたのではないかと思う。

「明治日本の産業革命遺産」はその明治維新版とでも言えるだろうか。同遺産を見て回ると、先人たちの残したものから元気をもらうことができ、日本の底力を感じ取ることができる。今日の日本経済は、そうした数多くの先人たちが努力に努力を重ねて築き上げたものが土台となっているのである。現代の我々の仕事や生活も、その上に成り立っているということを改めて強調しておきたい。

日本経済再生のヒントを見つける旅へ

筆者は日本経済新聞とテレビ東京、そして現在の大学勤務と経済評論活動を通して長年、日本経済と世界経済を取材し報道・解説する仕事を続けてきた。その経験から見ると、日本経済は今、バブル崩壊後の長いトンネルからようやく抜け出そうとし、復活に向けて動き出している。それは一五〇年前、長い眠りから目を覚まして新しい時代を切り開いた明治維新と重なり合うところが多いと強く感じる。

ともすると日本人は、日本経済が長年低迷してきたせいか、あるいは元来の控えめな国民性のせいか、なかなか前向きな姿勢になれずにいるように見える。

しかし時代は変わりつつある。そろそろ過度な悲観論から脱して、新しい時代を切り開くことにチャレンジしたいものである。「明治日本の産業革命遺産」は単なる過去の遺産ではなく、我々日本人が元気を取り戻して経済再生を果たすためのヒントが詰まっている。

「明治日本の産業革命遺産」については、十数年前から世界遺産登録をめざす活動が始まり、以来粘り強く活動が続けられてきた。二〇一三年には、関係自治体と産業界、有識者らによる「一般財団法人産業遺産国民会議」が設立され、そうした経過を経て二〇一五年七月に世界遺産に登録されたものだ。

その間、筆者は同国民会議の設立発起人の一人として参加するとともに、産業革命遺産の各資産と地元各地を取材し、集英社の総合言論誌『kotoba』（季刊）で「明治の産業革命遺産――〝日本の底力〟のルーツを訪ねて」を連載した（二〇一六年春号～二〇一七年秋号）。

本書は同連載をベースに加筆したものである。「明治日本の産業革命遺産」の全二三資産について詳しく紹介しながら、当時の時代背景や各資産の建設のいきさつ、さらにそれに携わったリーダーや職人たちの奮闘にも焦点を当てた。

ただ、明治維新といえばすぐに名前が浮かぶ西郷隆盛や大久保利通《としみち》などのヒーローは、本書ではわずかしか登場しない。むしろ〝準主役〟や〝脇役〟、あるいは一般的にはあまり知られていない人物に多くのページを割いた。それによって、数多くの先人たちの手によって日本の近代化が成し遂げられたことを、読者の皆さんに実感してほしいと考えたためである。武士の世の中が終わって近代化が始まる時代に、高い志を持って挑戦を続けた彼らは「ラストサムライ」と呼ぶにふさわしい。その姿を知れば、現代に生きる我々も元気づけられるはずだ。本書がその一助になれば幸いである。

なお、登場人物の年齢は当時の習慣に従って原則として「数え年」で表記した。また会社名、人名などは原則として新字体で統一した。今回の取材に協力してくださった関係者の肩書は取材当時のものである。なお本書に掲載した写真のうち、著作権者・提供者の表記のない写真は筆者が撮影した。

さて、「賢者は歴史に学ぶ」という。先人たちが残した遺産から何を学び、どう未来に生かすべきか――日本経済再生のヒントを見つける旅に出かけよう。

第一章

〝西郷どん〟や〝五代様〟を育てた薩摩藩主・島津斉彬の挑戦

――ピンチをチャンスに変えたリーダー――

薩摩藩の近代化を指揮した島津斉彬肖像画（黒田清輝筆）

近代化事業の曙は「集成館」から

薩摩といえば、西郷隆盛や大久保利通を思い浮かべるが、身分の低かった彼らを登用して活躍させたのは幕末の藩主・島津斉彬である。当時、最も開明的な大名と言われた斉彬は、欧米列強による侵略の危機を乗り切るため軍備増強と殖産興業に取り組み、多くの人材を育てた。五代友厚もその一人だ。この斉彬の挑戦がやがて明治維新の原動力となり、産業革命に発展していくことになる。

鹿児島市の中心部からレトロな外観のバスに乗って三〇分ほど走ると、薩摩藩主・島津家の別邸だった仙巌園《せんがんえん》に着く。薩摩藩時代のままの庭園や御殿などが公開されており、目の前の錦江湾《きんこうわん》（鹿児島湾）の向こう正面には桜島の雄大な姿が見える。手前の錦江湾を池に、桜島を築山に見立てた壮大な借景となっており、鹿児島を代表する観光地だ。二〇〇八年に放送されたＮＨＫ大河ドラマ『篤姫《あつひめ》』や二〇一八年の『西郷《せご》どん』のロケも行われたという。この風光明媚な場所に、幕末期に「集成館」と名づけられた一大工場群が建設されていた。

仙巌園から望む桜島。手前の錦江湾を池に、桜島を築山に見立てた雄大な借景となっている（鹿児島市吉野町）

旧集成館の旧機械工場本館。現在は、島津家と薩摩藩の資料などを展示する尚古集成館となっている

「集成館」を建設したのは薩摩藩の第一一代藩主・島津斉彬（一八〇九〜五八年）。一八五一（嘉永四）年に藩主に就任した斉彬は、欧米列強に対抗できる軍事力と経済力をつけるための藩政改革を矢継ぎ早に打ち出した。集成館建設はその柱となるもので、仙巌園周辺一帯の竹林を切り開いて大砲鋳造、造船、機械、紡績、ガラスなど数多くの工場と研究施設を建設し、その一連の近代化プロジェクトを「集成館事業」と呼んだ。当時の日本では最大・最先端の工業地帯となり、最盛期には一二〇〇人もの人が働いていたという。

幕末の薩摩のことは教科書やドラマ・映画などにたびたび登場するが、集成館のことはあまり知られていない。しかし日本の産業近代化はこの地から始まったと言っても過言ではないのだ。集成館の数多くあった施設のうち反射炉跡、旧機械工場、旧鹿児島紡績所技師館の三施設が現存しており、「明治日本の産業革命遺産」の一つとして世界遺産に登録された。

このほか、現在の仙巌園内と周辺には日本初の近代的紡績工場跡や造船所跡などの碑が立っており、隣接する神社の境内には日本初といわれる洋式溶鉱炉の遺構が埋まっている。

欧米列強の進出に危機感
――ペリー来航前から近代化に着手――

ここで斉彬が集成館事業に着手した一八五一年という年に注目してほしい。あのペリー来航（一八五三年）より二年前のことだ。一般的に、日本の近代化はペリー来航をきっかけに始まったとのイメージが強いが、斉彬はすでにそれ以前から大々的な近代化に着手していたのである。斉彬がすぐれた先見性の持ち主であったことがわかる。

なぜそれができたのだろうか。斉彬は若い頃から蘭学を学び、海外の事情や技術について幅広い知識を持っていた。これは曾祖父の第八代藩主・重豪《しげひで》（一七四五～一八三三年）の影響が大きい。重豪は蘭学や海外の技術に大きな関心を持ち、ローマ字が書けてオランダ語が話せたという。暦学や天文学の研究も行い、鹿児島城下に天体観測の施設（天文館）まで作ってしまった。その場所は、現在の鹿児島市中心部の繁華街、天文館として名前を残している。天文館本通商店街のアーケードの片隅には、それを示す石碑が立っている。

重豪はひ孫の斉彬を幼い頃から大層かわいがり、斉彬も重豪のことを大変尊敬していたという。江戸にいた二人はあるとき、シーボルトが江戸にやってきたことを耳にして、一緒にシーボルトに会いに行き、西洋の実情について聞いたこともある。重豪八二歳、斉彬一八歳のときのことである。

斉彬は藩主就任前から、緒方洪庵《こうあん》、渡辺崋山《かざん》、高野長英《ちょうえい》など当時トップクラスの蘭学者などとも交流を深めていた。そのような斉彬が海外情勢に関心を強め詳しくなったのは自然の成り行きだったと言える。ちなみに斉彬はローマ字で書いた日記を残している。

当時の時代背景を見ると、一八〇〇年代に入り日本近海、特に薩摩藩が実質的に支配下においていた琉球や薩摩周辺の海域には外国船が頻繁に出没するようになり、英国人が薩摩領の島に強引に上陸して村を襲うという事件も起きていた。中でも一八四〇〜四二年に起きたアヘン戦争の衝撃は大きかった。斉彬は藩主に就任する前だったが、独自に詳細な情報を収集し『アヘン戦争聞書《ききがき》』という自筆の書物を残している。

蘭書の翻訳本を頼りに「反射炉」を建設

斉彬が藩主就任早々、ペリー来航より以前に集成館事業を開始したのは、このような海外事情についての豊富な知識と強い危機感があったからだ。当時の薩摩は、いや日本は欧米列強による侵略の危機という最大のピンチに直面していたのだ。それを乗り切るには軍備強化が緊急の課題だったが、当時の日本の大砲技術は二〇〇年以上にわたる鎖国の間に進歩が止まっていたため、一刻も早く西洋式の大砲を作る必要があった。そこで斉彬が真っ先に取り組んだのが、鉄製大砲を鋳造する反射炉の建設だった。

反射炉とは耐火煉瓦《れんが》を積み上げた塔を建設し、内部で燃料を燃やして銑鉄《せんてつ》を高温で溶かし、それを鋳型に流し込んで大砲を作る施設のこと。炉内部で燃料を燃やした熱が炉の内壁に反射して鉄を溶かすことから、「反射炉」との名がついたという。

当時の日本では、実は佐賀藩が一八五〇（嘉永三）年にいち早く反射炉の建設に着手していた。佐賀藩ではオランダ人将校ヒュゲーニンが書いた『ロイク王立鉄製大砲鋳造所における鋳造法』という本を翻訳し反射炉を建設したのだが、斉彬はその翻訳書を取り寄せ、藩士たちはその本を頼りに建設作業を開始した。しかし何度作ってもうまくいかない。いったん反射炉は出来上がったものの、地面からの湿気で炉内の温度がうまく上がらなかったり、炉の壁の重さで基礎部分が傾くなどで、なかなか大砲の製造までこぎつけることができなかった。

藩士たちが意気消沈するのを見て、斉彬は「西洋人も人なり、佐賀人も人なり。薩摩人も

旧集成館の反射炉。精巧に組み合わされた基礎の石組みが現存している（仙巌園内）

同じく人なり」と言って激励したという。西洋人や佐賀人にできたことが薩摩人にできないことはないという意味だ（斉彬の側近だった市来《いちき》四郎編述『斉彬公御言行録』〈後に岩波文庫『島津斉彬言行録』として刊行〉より）。この言葉に奮い立った藩士たちは試行錯誤を繰り返し、数年後の一八五七（安政四）年になってようやく大砲の製造に成功したのだった。

記録によると、反射炉は二基建設されたらしいが、現存する反射炉跡は二号炉のものだという。基礎の土台となった石垣はほぼ完全な形で残っており、現在では地中に埋まっている部分も含めて高さは四・八メートルもある。石組みもきわめて緻密で、大きな石が規則的に並び組み合わされている。平成の発掘調査にあたった関係者が「かみそりの刃一枚も通さない」と驚いたという。

この石垣の上に、炉の本体が建っていた。現在、炉の本体は残っていないが、煉瓦を積み上げた煙突の高さは二〇メートル近くに達し、積み上げた耐火煉瓦の数は数万個に及んだと推定されている。そしてその炉の重量を支えたのが、現存する石組みの基礎部分になるわけで、いかに頑丈に作られていたかがうかがえる。

薩摩焼の技術を活用

ここで注目すべきは、反射炉という最先端プロジェクトに薩摩の伝統的技術を活用したことだ。たとえば反射炉の内部は高温に保つ必要があるため、耐火煉瓦には高い品質が要求される。そこで斉彬は薩摩焼の陶工を動員して、耐火煉瓦の開発にあたらせた。薩摩焼は一六世紀末以来の歴史を持つ伝統工芸品で、藩の有力な輸出品だった。その技術を使って集成館内に登り窯を作って耐火煉瓦を焼き、反射炉建設を成功に導いたのだった。現在の仙巌園の敷地内に、登り窯の跡の石垣が残っている。

近年の発掘調査で、反射炉跡の周辺を含む地中からは耐火煉瓦片や瓦、大砲の鋳型など三万点が出土しており、耐火煉瓦は一五〇〇〜一七〇〇度の超高温に耐えられるきわめて高い品質を持っていたことが明らかになっている。

反射炉では銑鉄を高温で溶かして大砲を鋳造することは前述のとおりだが、斉彬はその原料である銑鉄を作るための溶鉱炉（洋式高炉）も建設していた。当時の日本では、砂鉄を原料にして風呂桶のような箱型の炉と人力によるフイゴ（炉内に空気を送り込む装置）を使う「たたら製鉄」が一般的だったが、この方式で作られる銑鉄（和鉄）は還元が不十分で品質にばらつきがあったため、大砲鋳造の原料とするには難点があった。そこで斉彬は反射炉の横に、石を高く積んだ高炉を作らせたのだった。送風には水車による動力を使った。

これは反射炉に先行して一八五四（安政元）年に完成し、日本最初の洋式溶鉱炉となった。こちらは現存していないが、近年になって仙巌園に隣接する鶴嶺《つるがね》神社の境内を発掘調査した結果、地中に遺構が埋まっていることが明らかとなった。

こうして薩摩藩は溶鉱炉と反射炉の建設によって大砲の製造に成功し、錦江湾の湾岸十数カ所の砲台に配備した。それらは六年後に実戦で役立つことになるが、それについては後述する。

日本初の蒸気船を建造

斉彬が大砲製造と並んで力を入れたのが造船だ。当時の鎖国下の日本では幕府が大型船の建造を禁止していたため、帆柱が一本しかなく浸水を防ぐ船体隔壁や甲板もない小船しかなかった。海を渡ってやってくる外国に対抗するには海軍力の強化が必要だと考えた斉彬は幕府に大型船建造を認めさせ、一八五三（嘉永六）年に建造に着手した。この直後にペリーが来航する。つまり反射炉と同様、これもペリー来航より前に着手していたのである。

この船は三本マストの木造帆船で、当時としては最大級の排水量三七〇トン、全長三一メートル、大砲一六門を搭載した洋式軍艦だった。完成はペリー来航翌年の一八五四（安政元）年で、斉彬は「昇平丸《しょうへいまる》」と名づけ、完成後に幕府に献上した。

余談になるが、この昇平丸は日の丸が国旗となった起源と言われている。一八五四年の開国によって外国船がやってくるようになり日本の船と区別する必要が出てきたため、斉彬が「日の丸を日本惣船印《そうふなじるし》（日本船共通の船舶旗）にすべき」と幕府に提案、昇平丸を幕府に献上するため江戸に回航した際に船尾に日の丸を掲揚したのが始まりだという（異説もある

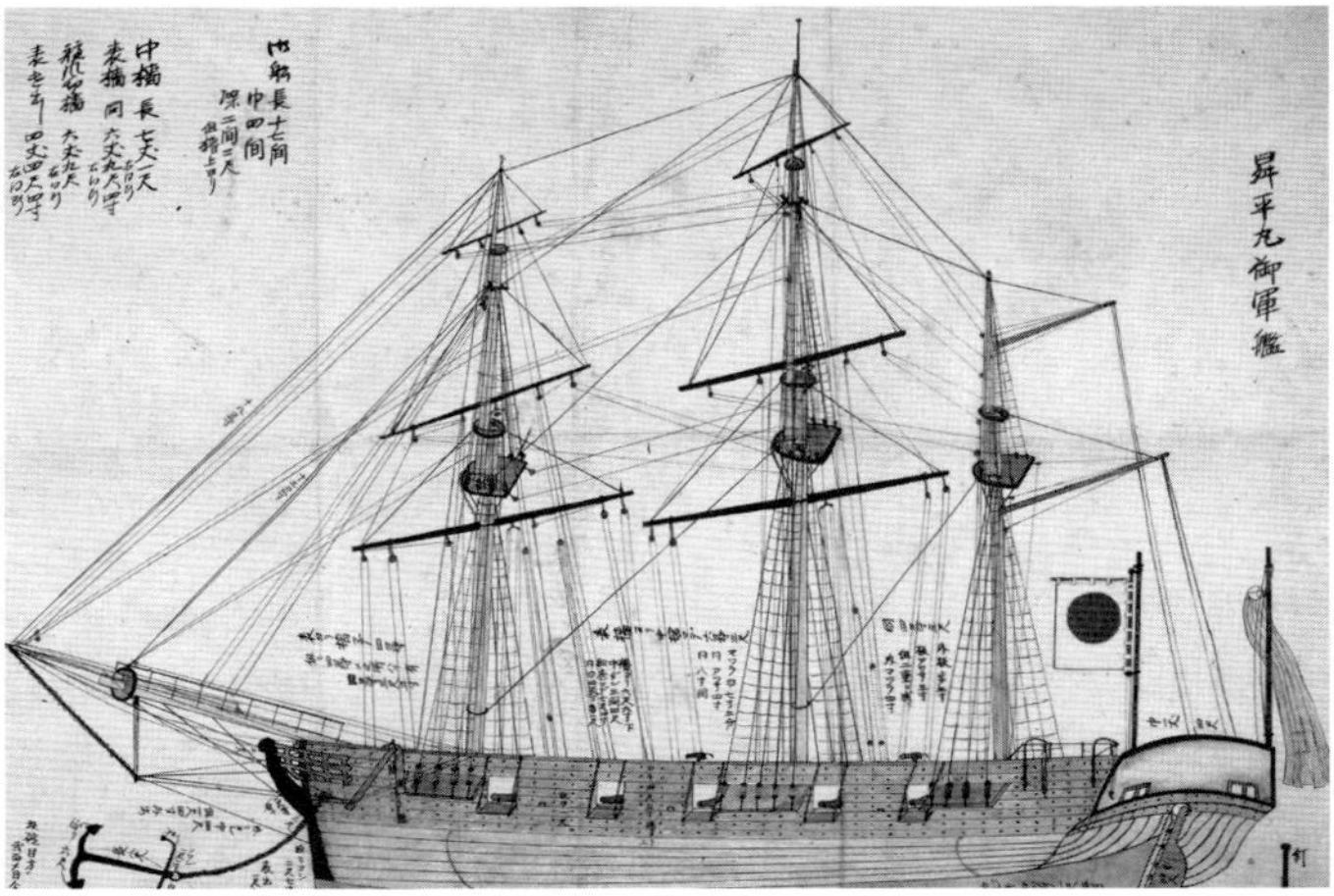

島津斉彬が建造させた木造帆船の洋式軍艦「昇平丸」。船尾に日の丸を掲揚している
©松平文庫（福井県立図書館保管）

が）。幕府は同年、正式に日の丸を日本惣船印とすることを定め、一八五九（安政六）年には船舶以外でも日本国を表す「御《み》国《くに》総標《そうじるし》」とするとのお触書を出した。日の丸を国旗と定めたもので、これが明治以降に引き継がれたのである。

話を薩摩藩の造船事業に戻そう。昇平丸は帆船だったが、斉彬は昇平丸に続いて蒸気船の建造に乗り出した。江戸と鹿児島で蒸気機関の実用化の研究を進めさせ、まず江戸で蒸気機関の完成に成功した。斉彬は江戸藩邸に諸大名を招き、動く蒸気機関を得意そうに披露したという。これと並行して新しい船を鹿児島で建造して江戸に回航し、蒸気機関を搭載した。日本初の蒸気船の完成である。斉彬は「雲《うん》行《こう》丸《まる》」

と名づけた。

その数年後になるが、雲行丸を見たオランダの海軍将校カッテンディーケは「一度も実際に蒸気機関を見たこともなくして、ただ簡単な図面をたよりに、この種の機関を造った人の才能の非凡さに、驚かざるを得ない」と書き残している（『長崎海軍伝習所の日々』水田信利訳、平凡社東洋文庫）。これこそが日本人のモノづくりの真骨頂である。

このカッテンディーケは、幕府が海軍力強化のために創設した長崎海軍伝習所の教官で、航海術や砲術などを教えた人物である。同伝習所では後に咸臨丸《かんりんまる》と名づけられる洋式軍艦を使い航海の実地訓練を行っていたが、その一環として勝海舟ら伝習生（学生）とともに鹿児島を訪れて島津斉彬と懇談し、集成館の工場群や雲行丸を視察した。前掲書は日本滞在中に見聞したことを書き記しており、当時の外国人から見た日本の様子が書かれていて興味深い。

造船事業には、斉彬がジョン万次郎から学んだ技術や情報も生かされている。

土佐の漁師だった万次郎は漁の途中に嵐で漂流し米国の捕鯨船に助けられて米国で二四年間暮らしていたが、一八五一年に帰国を決意し、薩摩藩の支配下にあった琉球に上陸した。ちょうど斉彬が藩主に就任した直後のことだ。鎖国下で海外から帰国した万次郎は鹿児島に移されて薩摩藩の取り調べを受け、その後長崎に送られて幕府の取り調べを受けたのだが、薩摩では「取り調べ」とは名ばかりで厚遇されたという。その際、斉彬は万次郎に直接会って、米国の事情について詳しく質問し、藩士や船大工に洋式造船の技術や航海術を学ばせている。

日本最大の工場地帯を形成——幅広い産業分野——

斉彬は大砲製造や造船の他にも、集成館や藩内の領地にさまざまな工場と研究施設を建設した。洋式銃や火薬の製造などの軍事目的のものから、紡績、ガス灯、電信、写真、印刷、ガラス、火薬、さらには焼酎などに至るまで実に幅広い産業分野に及んでいる。そのうち主なものを見てみよう。

▼紡績

薩摩藩ではもともと帆船の帆布用として紡績を手がけていたが、斉彬が商人から西洋の糸を贈呈されて、その精巧さに驚き、これに負けないような紡績業を育てる必要性を感じたという話が伝わっている。

斉彬はまず上方から綿栽培の指導者を招聘《しょうへい》して農民に綿作を奨励し、領内に綿実油《めんじつゆ》の搾油所と機織所《はたおりじょ》を建設した。機織所では水車を動力にして機織機を動かし、一般の綿布より幅広の布を織ることができたという。これが日本の機械紡績の始まりとされている。

斉彬の死後になるが、薩摩藩は一八六七（慶応三）年に我が国初の西洋式機械工場を建設する。これがやがて明治の紡績業の発展と産業革命の基礎を作ることになる。

▼ガス灯

斉彬は藩内随一の蘭学者、松木弘安《こうあん》（寺島宗則《てらしまむねのり》）に命じてガス灯に関する書物の翻訳をさせた。それをもとに一八五七（安政四）年、仙巌園内の浴室近くにガス室を設置し、庭の石灯籠にガス管を引いてガス灯をともす実験に成功した。日本初のガス灯である。その石灯籠は今も園内にある。

斉彬は続いて城下への設置を計画していたというが、その翌年に急死したため、計画は幻で終わった。この史実にちなんで現在、鹿児島城周辺の城山地区では街路照明にガス灯が採用されている。夜になると、黄色味を帯びた灯がともりレトロな雰囲気を楽しむことができる。

▼電信

斉彬は松木弘安らに電信機の製作を命じた。モールス信号の電信機だったようで、一八五五（安政二）年、鹿児島城の本丸休息所と二の丸庭園（探勝園）の茶室の間、約五五〇メートルを絹糸で絶縁した銅線で結び、通信に成功した。松木弘安は明治になって、東京―横浜の電信の実用化、さらに長崎―上海の海底ケーブル敷設などに尽力し、「電気通信の父」とも呼ばれるようになった。

▼写真

日本に写真が入ってきたのは一八四八（嘉永元）年頃と言われている。一八三〇年代にフランスで開発された世界で初めての実用的写真撮影法がオランダを通じて長崎に伝わり、日本では銀板写真と呼ばれた。斉彬は藩主就任前だったが、さっそく興味を示し、側近の市来四郎に研究を始めさせた。しかし撮影法を記した翻訳書だけが頼り。苦労の末、ようやく一八五七（安政四）年に撮影に成功した。

この写真は、日本人が日本人を撮影した我が国最古の写真として現代まで保存されており、国の重要文化財に指定されている。斉彬は自分でも写真撮影をたびたび試みており、自らの娘や城内の写真など斉彬撮影とされる写真が何枚か現存している。

写真撮影と現像には多くの化学薬品を使うため、その研究は科学技術の基礎を作ることにも役立った。

▼ガラス

集成館で製造されたガラス製品は薩摩切子《きりこ》と呼ばれ、薩摩の名産品となった。薩摩切子は透明のガラスの外側に紅、藍、紫などの色ガラス層を被せてさまざまな文様にカットしたガラス製品で、盃や酒瓶、段重ねなどとして使われる。その加工にはきわめて高い技術が必要で、特に紅ガラスを作ることができたのは薩摩藩だけだったという。

斉彬は島津の分家の娘を養女にして第一三代将軍・徳川家定に嫁がせたが、薩摩切子はその篤姫の嫁入り道具の一つになっている。斉彬は親しい大名に薩摩切子を贈呈し自慢していたとの話も残っており、これがきっかけで薩摩切子の評判が広まり他藩から注文が相次ぐようになったという。薩摩切子は高付加価値化によって最高級ブランド品となり、国内外への有力な輸出品になっていった。

農業・林業にも広がった集成館事業

集成館事業は農業や林業にも広がっていた。集成館の反射炉や工場稼働のエネルギー源として、在来の農業用疎水から集成館まで約七キロにわたる新たな水路を築くとともに、良質の木炭を製造するための炭窯を後背地の山林に建設した。この水路「関吉《せきよし》の疎水溝」と炭窯の跡「寺山炭窯跡《てらやますみがまあと》」も、集成館の三施設とともに世界遺産に登録されている。

藩主の別邸である仙巌園にはもともと、西方に位置する関吉地区から疎水を作って水を引き込んでいたが、集成館事業が水車を主な動力源としてスタートしたことから大量の水の供給が必要となった。そのため斉彬は一八五二（嘉永五）年、上流を流れる川から新たな取水口を作って水路を開いた。これが関吉の疎水溝である。

この取水口は海抜一三二メートルのところにあり、七キロ離れた集成館との高低差はわずか八メートルしかない。このきわめて緩やかな傾斜角度で、しかも途中でトンネルを何カ所も掘って水路を通しており、当時の技術水準の高さがうかがえる。そのときに作られた取水口の跡は当時のまま残っている。疎水溝の一部は現在も灌漑用水路として利用されている。

関吉の疎水溝。ここから7キロ離れた集成館まで水を供給した。水路の一部は今でも灌漑用水路として使われている（鹿児島市下田町）

集成館で使う燃料となる木炭を製造する寺山炭窯跡。周辺にはうっそうとした森林が広がっている（鹿児島市吉野町）

寺山炭窯跡は、集成館から北北東に約五キロ離れた山地にあり、周辺はシイやカシなど木炭に適した常緑樹林が生い茂っている。窯は斜面を利用してその一角を掘り下げ、凝灰岩の石を円筒形にきれいに積み上げて作られている。石は一五〇〇度の高温に耐えられる堅牢なもので、高さ約三メートル、直径は五メートル余りという大きなものだ。長年にわたって林の中に埋もれていたが、近年になって発見・発掘されたという。記録によると寺山には三カ所の炭窯が作られたというが、他の二つは見つかっていない。

日本固有の技術と西洋技術を融合
――日本のモノづくりの原点――

こうして集成館は当時の日本では最大、いや東洋最大の工場地帯となったわけだが、特徴的な点が三つある。

第一は、単に西洋の技術を導入しただけではなく、日本固有の伝統的な技術と融合させていることだ。反射炉の建設に薩摩焼の技術を活用したことは前述のとおりだが、その反射炉や溶鉱炉、各工場の動力源として水車を使ったのもその一例だ。薩摩では従来から農業用をはじめ、たたら製鉄の送風用フイゴや金鉱石の粉砕など幅広い分野で水車が使われていたことが背景にあった。

西洋技術の導入と在来技術の活用は、集成館事業に携わった人の面でも表れている。藩士だけでなく、例えば反射炉には薩摩焼の職人、造船事業には船大工、工場や施設の建設には大工など幅広い分野の技術者や職人が参加した。さらには紡績所には農家の子女を雇い入れ、疎水工事や炭焼窯での木炭製造など農業や林業の力を結集している。

このように長年にわたって培ってきた日本の在来技術の基礎の上に西洋技術を導入するという組み合わせは、その後の日本の近代化の基本的なパターンであり、まさにモノづくりの原点である。薩摩藩最後の藩主・島津忠義の子孫で、現在の仙巌園などの管理・運営にあたる島津興業取締役相談役の島津公保氏は「在来技術をベースとして西洋技術を導入するという、この志と技術力があったからこそ、日本が西洋の植民地にならずに短期間で近代化に成功することができた」と指摘する。

第二の特徴は、軍事力を飛躍的に高めただけでなく産業の育成にも力を入れたことだ。これは、斉彬が欧米列強の強大な軍事力の源泉が産業革命にあることを見抜いていたからだ。この斉彬の慧眼《けいがん》があったからこそ薩摩藩が経済力を蓄え、明治維新を成し遂げる経済的基盤を作ることができたのだった。そして集成館がまいた産業育成の種が明治の産業革命につながっていくのである。

第三は、人材の育成である。斉彬は集成館事業を推進していたこの時期に、西郷隆盛や大久保利通など身分にとらわれず多くの人材を登用し、活躍の場を与えた。これもまた明治維新につながっていく。斉彬は西郷には主として朝廷や幕府に対する政治活動を担当させる一方、産業・技術面でも多くの人材を育てた。

その一人が、たびたび登場した松木弘安だ。松木は若い頃から長崎や江戸で蘭学を学んだ後、鹿児島に帰り斉彬の侍医となっていたが、斉彬はその才能を買って集成館事業での西洋技術の研究で松木を重用した。

また斉彬はすでにその頃から藩士を海外に派遣することも考えていたという。斉彬の死後、松木はその遺志を継ぐように、幕府の第一次遣欧使節団（一八六二年）の一員に加わり、さらには薩摩藩が藩士一九人を英国に派遣した際（一八六五年）にリーダー格の一人として参加している。明治になってからは寺島宗則と名乗り、前述のとおり電気通信分野での近代化に功績を残すとともに、外務卿（内閣制度が創設される前の外務大臣に相当）に就任して不平等条約の改正に尽力した。もっと世に知られてよい人材である。

五代友厚も斉彬に育てられた一人だが、詳しくは後述する。

薩英戦争が歴史の転換点に

斉彬のこうした優れた先見性とリーダーシップが薩摩藩の経済力を強化した。集成館事業の幅広い産業振興は今日の「成長戦略」にあたると言える。それが明治維新を準備する役割を果たしたのだった。ところが集成館事業開始から七年経った一八五八（安政五）年、突然の試練に見舞われる。斉彬が急死したのである。

斉彬は当時、将軍継嗣問題や外交政策などをめぐって大老・井伊直弼《なおすけ》と激しく対立していた。このため斉彬は幕政改革をめざして、数千人の大軍を率いて上洛することを計画、出発直前に鹿児島城下で大々的な閲兵を行った。ところがその最中に体調を崩し、数日後に死去したのだ。

そもそも大名、しかも外様大名が何千人もの武装兵士を上洛させるなど本来なら謀反とみなされる行為だ。斉彬ら有力大名と井伊直弼の対立激化という緊迫した情勢の最中だったこと、また前藩主で父の斉興《なりおき》が斉彬の路線に反対していたことなどから、斉彬の死については暗殺説もささやかれている。

その真偽はともかくとして、斉彬の死によって集成館事業は一気に失速することになる。斉彬の強力なリーダーシップの下でも集成館事業の理念が十分に浸透していなかったのが実情で、藩内には偏狭な攘夷論や洋式へのアレルギーが根強くあった。斉彬死後はそうした空気が息を吹き返し、集成館事業は縮小されていった。

そして斉彬の死から五年後の一八六三（文久三）年、薩英戦争が勃発する。その前年に起きた生麦事件に対する報復で、英国は錦江湾内に艦隊を進攻させ海から鹿児島城下を砲撃した。薩摩側も英国側に砲撃して損害を与えたものの、鹿児島市街地の多くは焼かれ、集成館もほぼ完全に焼失してしまった。藩が保有していた蒸気船三隻も焼かれて沈められた。集成館事業は文字どおり灰燼《かいじん》に帰したのだった。

しかし、ここから奇跡の復活が始まる。薩摩は英国の圧倒的な軍事力を目の当たりにして彼我の差を痛感、「外国人を排撃する」などという攘夷論がいかに非現実的であるかを悟るのである。藩内の偏狭な攘夷論は沈静化していき、斉彬の進めた近代化事業の理念が広く理解されるようになった。また斉彬時代に製造され配備されていた大砲が、苦戦の中でも一定の戦果を上げたことも集成館事業の再評価につながった。

そこで薩摩藩は英国との和解・提携へと一気に舵を切り、西洋の技術や文化を積極的に導入する路線に転換、集成館事業の再建に着手した。グローバル路線への転換である。

島津久光が集成館事業を再興

これを指揮したのは斉彬の異母弟、久光（一八一七〜八七年）である。斉彬の死後、久光の長男である忠義が藩主の座に就き、久光はその後見人として藩政の最高実力者となっていた。久光はヨーロッパから工作機械を買い入れ、機械工場、鋳物工場、木工場などを次々と再建していった。斉彬時代の集成館事業を第一期とすると、薩英戦争後に久光が主導した時代を第二期と区分することができる。

久光と斉彬はかつては次期藩主の座を争う形になったこともあり、不仲のイメージが強い。しかし両者の個人的関係は必ずしも悪くなかったという説もある。確かに、久光が実行した政策を見ると斉彬のそれを継承するものが多く、集成館事業の再興はその代表的な例だ。

集成館事業再建の中核的な施設となったのが機械工場で、薩英戦争の翌年、一八六四（元治元）年に再建が始まり、一八六五（慶応元）年に完成した。明治維新以降に一時は政府の所有になり、一八七七（明治一〇）年の西南戦争で被害を受けるなどして改修されたが、大正年間に島津家の資料を保管・展示する「尚古集成館」としてオープンし、今日に至ってい

集成館で稼働していたオランダ製の形削盤。現存する日本最古の形削盤で国の重要文化財
©尚古集成館

る。世界遺産に登録された「明治日本の産業革命遺産」の施設の一つである。

建物は洋風の石造建築で、「ストーンホーム」と呼ばれた。正面から見て左右に幅約七七メートル、奥行き約一二メートルと横に大きく広がる長方形をしており、外壁には白みがかった凝灰岩をきれいに積み上げている。その構造は精巧で、一五〇年経った今でも美しい外観を保っている。

館内は島津家に関する史料博物館となっており、幕末に英国やオランダから次々に輸入された工作機械の実物が展示されている。一八六三年オランダ製の形削盤（金属の平面や溝を加工する工作機械）は、現存する日本最古の形削盤として国の重要文化財に指定されている。他にも紡績機械の針布を研磨するローラー磨針機（一八六六年、英国製）、綿の塊を解きほぐして繊維を同じ方向に揃えて繊維束を作る梳綿機《そめんき》（一九世紀、英国製）などの機械が並んでいる。明治初期に集成館で製造したという足踏み式旋盤もあり、輸入機械をもとに自力で工作機械を製造できるようになっていたこともわかる。

これらの工作機械を使ってさまざまな金属加工や船舶の修理、部品加工などを行っていたのだが、そのような工場は「明治の近代化以降」というイメージを持っている人が多いのではなかろうか。それがすでに幕末から始まっていたというのは驚きである。ちょんまげを結ったサムライたちが大工や農民たちと一緒になって機械の設計や据え付け、操作などを行っていた光景は意外感があるが、トム・クルーズ主演の映画『ラストサムライ』で描かれた武士たちとは別の「ラストサムライ」が大勢いたのだ。これが、薩摩が明治維新を成し遂げた原動力の一つとなったのだった。

五代友厚の活躍――一九人の藩士を英国へ派遣――

そのような薩摩藩士の一人に、ＮＨＫ連続テレビ小説『あさが来た』でブレークした五代友厚（一八三六〜八五年）がいる。五代は藩の有力な学者の息子で、一三歳頃に父親が斉彬から世界地図の模写を命じられると、友厚はその模写を買って出て斉彬に献上、もう一枚模写して自室の壁に貼って眺めていたという。さらにその地図をもとに直径六〇センチ程度の地球儀を自力で作製したという話も残っており、少年時代から海外に心躍らせていたようだ。当時の五代は徳助という幼名だったが、斉彬はその才能に感心し才助という名を与えたという。五代は明治になるまで、斉彬からもらった才助を名乗っている。

父の死後、一九歳頃には正式に藩に仕え、斉彬の薫陶を受ける。その三年後には長崎海軍伝習所に派遣された。幕府が有力各藩にも参加を呼びかけ、斉彬がそれに応じて有望な若い藩士十数人を派遣したもので、五代はその中の一人に選ばれたのだった。しかしその一年後、斉彬が急死。五代は急きょ鹿児島に帰国したという。斉彬との絆の深さがうかがえる。

その後、長崎に戻り、伝習所を〝卒業〟した後も長崎に駐在し藩の外国船購入担当として活躍した。前述のように斉彬は大型船の建造を進めたが、それには時間がかかるため、まず外国船を購入することが重要だったのである。

五代は長崎駐在中に英国や米国から数隻の蒸気船を買い付けたほか、少なくとも二回上海に渡って現地で蒸気船の購入に成功した。一度目は、長崎で貿易業を営んでいた英国人商人のトーマス・ブレーク・グラバーと一緒に密航、二度目は幕府の御用船に水夫として潜り込み、船内で長州の高杉晋作と知り合っている。長崎滞在中にはこのほか桂小五郎（木戸孝《たか》允《よし》）、土佐の坂本龍馬、岩崎弥太郎などと親しくなり、藩を超えたネットワークを形成するようになっていた。

　そのような五代が薩英戦争後に藩に提案したのが、英国への留学生派遣だ。当時の最高実力者・島津久光の決断で、一八六五（元治二）年に五代ら三人の藩使節と一五人の留学生、および通訳一人の計一九人が決定した。前述のように前藩主の斉彬が生前、藩士の海外派遣を考えていたが、斉彬に育てられた五代がそれを実現したわけだ。

五代友厚　©国立国会図書館

　しかし「派遣」と言っても、当時は開国していたものの幕府が国民の海外渡航はまだ禁止していたので、「密航」である。それを百も承知で、久光は密かに一九人を送り出した。その際、藩は全員に変名（※）を与えたうえに「領内の離島視察を命ず」とニセの出張命令書を出し、幕府の監視を逃れる工作までしている。そこまでするほど、藩にとって重要なことだったのだ。

　こうして鹿児島を密かに出発した藩士一行は、香港、シンガポール、ボンベイ（現・ムンバイ）、スエズ、ジブラルタルなどを経て、二カ月余りの船旅の後、ロンドンに到着する。藩士が残した日記には、香港でガス灯を見て夜の街の明るさに感嘆の声を上げ、シンガポールの港ではオランダに帰国する妻と見送る夫がキスをしているのを見て驚いたことなどが書かれている。スエズでは完成間近い運河工事を見学しながら蒸気機関車に乗り、ロンドンに着いたときは数年前に完成したばかりのビッグベンに度肝を抜かれたという。

ロンドンまでの航海の途中、五代のこんな笑い話も伝わっている。香港から乗り換えた船は最新鋭で、水洗トイレがあった。白い陶器の便器に水が勢いよく流れる様子を見た五代は洗面器だと思い、顔を洗ったという。すべてカルチャーショックの連続だったろう。

ロンドンで留学生たちはロンドン大学に入学して化学や工学などの近代学問を学びながら、近郊の工場や産業施設を見学して回り、多くの知識や技術を習得した。彼らは薩摩スチューデントと呼ばれて評判になったようで、彼らの優秀さや礼儀正しさを賞讃する記事が現地の新聞に掲載されている。また現在、ロンドン大学のキャンパス内には、薩摩スチューデントと長州からの留学生（第二章で詳述）を顕彰する記念碑が立っており、大学の正門近くには彼らが寄宿したアパートが現在も残っている。

※現代の感覚では偽名のようなイメージだが、当時は名字を含め改名することも多かったので偽名とは言い切れない。一九人の中にはこのときの「変名」を終生にわたって使っていた者もいる。

五代は留学生の引率という任務のほかに、独自の重要な使命を帯びていた。武器や機械の購入である。五代はバーミンガムに出かけ、約三〇〇〇挺の最新銃を買い付けた（五代龍作編・発行『五代友厚傳』）。この銃は数年後の戊辰戦争で威力を発揮することになる。

五代はまたマンチェスターを訪れ、当時世界最大の紡績機械メーカーだったプラット・ブラザーズ社から紡績機械を大量購入するとともに、薩摩で本格的な紡績工場を作るため設計から建設、技術指導までを一括して行うことを要請した。同社はこれに同意して、七人の技術者を鹿児島に派遣した。超大型商談の成立である。斉彬の薫陶を受けた五代だけに、紡績機械の重要性を十分認識していたのだった。

我が国初の西洋式機械紡績工場を建設

これをうけて一八六六（慶応二）年、鹿児島では集成館の西隣に紡績工場と技術者の宿舎を建設する工事が始まり、翌年に我が国初の洋式機械紡績工場「鹿児島紡績所」が完成した。工場の機械配置図が現在も残っており、それによると英国製機械が約一二〇〇台並び、蒸気機関を使った動力で各機械を一斉に動かす大がかりなものだったという。当時としては世界的に見ても最先端工場で、明治期の産業革命の先駆けとなるものだった。七人の英国人技師は一年間鹿児島に滞在し、彼らの指導の下で約二〇〇人が働いた。

工場建設工事の槌音《つちおと》、英国から続々と到着する紡績機械の数々や英国人技師たち、蒸気機関で動く機械設備など……当時の活気にあふれていた様子を想像してみてほしい。それはまだ明治維新以前なのである。

現在では同工場の建物は残っていないが、技術者の宿舎「技師館」は現存し、世界遺産の一つに登録された。木造二階建ての洋風建築で、四方にベランダを配したコロニアル様式だ。ただ面白いのは、外観は洋式だが建物の寸法は尺が使われている点。屋根組みも日本式で、和洋折衷となっている。ここにも、西洋技術と在来技術の融合が見られる。

五代は欧州滞在中にフランスとベルギーにも足を延ばし、二年後の一八六七年に開催予定のパリ万博に薩摩藩が出展する段取りをつけることにも成功する。同万博には幕府も出展したが、幕府の代表団はパリ到着後に薩摩の出展を知って驚いた。「日本を代表するのは幕府だけである」と主催者に抗議したが、結局、薩摩と並んでの出展となった。このため海外からは幕府と薩摩の二つの政権が併存しているかのように映ることになり、幕府は国際的威信を失墜させ、薩摩は大いに存在感を高めることに成功した。万博開催時には五代は帰国していたが、このような大きな成果を上げるお膳立てをしたのだった。

旧鹿児島紡績所技師館。五代友厚が英国で結んだ契約に基づき、日本初の洋式機械紡績工場の技術指導のため来日した英国人技師たちの宿舎跡

五代が帰国したのは一八六六（慶応二）年で、すぐにトーマス・グラバーと共同で長崎に船舶の修繕ドックを建設した。この小菅《こすげ》修船場《しゅうせんば》は後に三菱長崎造船所の所有となり、その跡も世界遺産になっている（第五章参照）。

五代は明治になって大阪で実業家に転身する。現在の南海電鉄や商船三井などの前身企業をはじめ数多くの企業を設立したほか、大阪株式取引所（現・大阪取引所）や大阪商法会議所（現・大阪商工会議所）を設立して初代会頭に就任した。大阪経済界の中心的な存在となり、大阪の産業発展に尽力したことから、「大阪経済の父」とも呼ばれている。

五代友厚こそ、薩摩藩の第二期集成館

事業のキーパーソンであり、明治初期の産業近代化の立役者の一人なのである。

明治の産業革命を〝準備〟

これまで見てきたように、集成館事業は造船、火薬製造なども含めて薩摩の軍備強化を支え、やがて戊辰戦争でその威力をいかんなく発揮することになる。そして集成館で手がけた紡績をはじめとする各産業分野の技術によって薩摩藩は経済力を飛躍的に高めることに成功する。薩摩が長州と並んで明治維新の主役になれたのは、まさにこのような〝準備〟ができていたからなのだった。

そして薩摩がまいたタネは、明治の産業革命として大きく育っていくことになる。反射炉と溶鉱炉の建設に携わった竹下清右衛門《せいえもん》という藩士が、薩摩の後を追いかけるように反射炉建設に乗り出した水戸藩に招聘され、そこで同じく水戸に招かれてやってきていた盛岡藩士・大島高任《たかとう》と知り合った。後に「近代製鉄の父」と呼ばれるようになった人物である。その大島が盛岡藩に帰国して現在の釜石に高炉を建設し、その技術が明治に入って官営釜石製鉄所、さらに官営八幡製鉄所へと受け継がれていった。

斉彬が研究したガス灯や電信、写真なども、明治初期になって実用化されて普及していくわけだが、集成館事業はその先駆けとなったと言える。

また五代が英国でまとめた商談に基づいて薩摩藩が日本初の西洋式機械紡績工場を建設したことは前述のとおり。紡績は明治期に主力産業として発展していくが、その出発点となったのが薩摩の紡績工場だった。

五代とともに英国に渡った薩摩藩士たちも、帰国後は明治の近代化に力を尽くした。寺島宗則は英国滞在中に同国の外務大臣と会談するなど薩摩と英国の外交関係の強化を図った。明治維新後に外務卿となったことは前述のとおりだ。森有礼《ありのり》は外交官や教育者として活躍し、初代文部大臣に就任した。村橋久成《ひさなり》は北海道の開拓使官吏となり、札幌に日本初の麦酒醸造所を建設した。これが今日のサッポロビールの前身で、村橋は日本のビールの生みの親である。そのほかの多くの留学生も外交官や学者、産業人として活躍している。

このように、斉彬が果敢に挑戦した近代化事業が明治維新を成功させ、日本は近代国家へと飛躍を遂げていった。いわば、欧米列強による侵略の危機という最大のピンチをチャンスに変えたわけだ。鹿児島にある世界遺産「明治日本の産業革命遺産」にはそうした過程がよく表れており、明治維新について産業経済の視点から認識を新たにすることができる。

薩摩藩の幕末の動き

西暦	和暦	薩摩藩	日本・世界
1840	天保11		アヘン戦争（~1842）
1851	嘉永4	島津斉彬が藩主に／集成館事業開始	
1853	嘉永6		ペリー来航
1855	安政2	初の蒸気船「雲行丸」完成	幕府、長崎海軍伝習所を開設
1857	安政4	反射炉完成、大砲鋳造に成功	
1858	安政5	斉彬急死。島津忠義が藩主に	井伊直弼大老に／安政の大獄
1859	安政6	島津久光が藩主後見人に	
1860	安政7		桜田門外の変
1862	文久2	生麦事件	
1863	文久3	薩英戦争	長州と欧米4カ国、下関戦争（~1864）
1864	元治元	集成館事業の再建開始	禁門の変／幕府、第1次長州征討
1865	元治2	五代友厚ら19人を英国に派遣	
1866	慶応2	薩長同盟／五代友厚帰国	幕府、第2次長州征討
1867	慶応3	パリ万博に出展／鹿児島紡績所完成	幕府、パリ万博に出展／大政奉還
1868	慶応4		明治に改元

対象となる世界遺産

旧集成館（鹿児島県鹿児島市）
幕末の薩摩藩主・島津斉彬が建設した日本初の近代化工場群の跡。大砲を製造するための「反射炉跡」、現存する日本最古の洋式工場の「旧機械工場」、旧鹿児島紡績所紡績工場で技術指導した英国人技師の宿舎「技師館」などで構成される
寺山炭窯跡（鹿児島県鹿児島市）
集成館で使用する燃料を製造するための炭窯の跡。後背地の山中に堅牢な石積みが今も残っている
関吉の疎水溝（鹿児島県鹿児島市）
集成館では動力源として水車が使われ、そのための水を供給するため7キロにわたって築かれた水路。疎水溝の一部は現在も灌漑用水路として利用されている

第二章
志士の息吹を今に伝える長州・萩
――吉田松陰から伊藤博文へ――

密かにロンドンに渡った長州ファイブ。左から井上馨（前列）、遠藤謹助（後列）、井上勝（中央）、山尾庸三（前列）、伊藤博文（後列）。1863年撮影　©萩博物館

江戸時代の町並みを残す萩城下町

山口県萩市。かつての長州藩の本拠地である。ここから幕末期に吉田松陰、桂小五郎（木戸孝允）、高杉晋作、伊藤博文など幾多の人材を輩出した。鹿児島と並んで、明治維新の原点となった町だ。現在では、この町のどこにそのようなエネルギーがあったのだろうかと思うほどの静かな小都市だが、市内のそこここに当時の息吹を感じさせる史跡が数多く残っている。

そのうち萩城下町、松下村塾、萩反射炉、恵美須ヶ鼻《えびすがはな》造船所跡、大板山たたら製鉄遺跡の五つが世界遺産に登録されている。いずれも日本の近代化の初期段階の姿をよく残しているのが特徴だ。

五つのうち最も古い時期の遺産が城下町で、城跡、旧上級武家地、旧町人地の三地区で構成されている。一六〇四（慶長九）年に毛利元就《もとなり》の孫・輝元が萩城の築城と町の整備を開始して以来、代々の藩主・毛利家が治め、幕末まで約二六〇年間にわたって栄えた。町を歩くと、なまこ壁の土蔵や白壁の塀、長屋門など、数多くの武家屋敷や商家が当時のままの

江戸時代の雰囲気を残す萩城下町。細い小路に白壁の長い塀が続く

姿で残っているのが目に入る。

中でも、重臣だった問《とい》田《だ》益《ます》田《だ》家の屋敷跡の土塀は約二三〇メートルにわたって白い塀が続いており、圧巻だ。このあたり一帯は白壁だらけで目にまぶしかったという話が伝わっているが、あながち大げさではないようだ。

城下町は碁盤の目状に小路で整然と町割りされている。しかし同時に、要所要所にはクランク状の曲がり角が配置され、その両側を高い土塀で囲んで敵の侵入を防ぐ工夫も凝らされている。こうした箇所も含め小路や区画が当時からほとんど変わっていないそうで、現在でも江戸時代の地図を見ながら町を歩けるという。

その一画には、桂小五郎（一八三三〜七

七年）や高杉晋作（一八三九〜六七年）など〝有名人〟の生家や屋敷が数多く残っている。

桂小五郎は藩医だった和田家の長男として生まれたが、病弱だったため、姉が婿養子を取って跡継ぎとなり、小五郎は八歳のときに向かいの桂家の養子となった。しかし桂家の養父母がすぐに亡くなったため生家の和田家に引き取られて成長したという。結局、二〇歳のときに剣術修行のため江戸に旅立つまで、この家で過ごした。

和田家の住宅は外から見ると平屋に見えるが木造瓦葺きの二階建てで、保存状態もよく、国指定史跡となっている。和田家は二〇石取りに過ぎなかったが、藩医であったため住居は上級藩士並みの広さがあり、門構えもしっかりしている。内部は公開されており、座敷を上がると、小五郎が誕生した部屋や少年時代の手習いの書などを見ることができる。

桂小五郎の生家から小路を二筋入ったところに高杉晋作の生家がある。当時は五〇〇坪の敷地があったそうだが、現在の敷地の広さは当時の三分の一になっているという。座敷の一部や玄関などが現存しており、庭先には、晋作が生まれたときに産湯を汲んだという井戸が当時のまま残っている。

晋作の生家から歩いて二〜三分程度のところには、伊藤博文（一八四一〜一九〇九年）が幼少の頃に一時預けられていた円政寺《えんせいじ》がある。博文（その頃は利助）は現在の山口県光市の生まれだが、農民だった父親が単身で萩に出て、やがて妻子を萩に呼び寄せた。利助が一〇歳頃のことのようだ。円政寺の当時の住職が利助の母親といとこ同士だった関係から、利助は同寺で雑用の仕事をしながら読み書きを教わるなどして約一年間過ごしたという。利助はその数年後に松下村塾に入門し、頭角を現していくことになる。その後の活躍については後述する。

桂小五郎、高杉晋作、伊藤博文という長州藩の立役者三人が、この歩いてわずか数分程度の狭い地域から巣立っていったというのは、不思議な縁というか、歴史の面白さを感じさせてくれる。

戦いに備えた造りの萩城――代々〝秘密の儀式〟も――

これら城下町の〝総本山〟が萩城だ。本丸、二の丸、三の丸で構成され、現在は本丸の石垣と堀が良好な状態で残っている。一八七四（明治七）年までは高さ一一メートルの天守台の上に五層五階・高さ二一メートルの豪壮な天守閣がそびえ立っていたという。天守閣や櫓《やぐら》など主要な建物は残っていないが、天守台となっていた石垣はお堀に突き出したような美しい姿で当時の名残をとどめている。

今は公園となっている本丸の跡地の一画には、唯一の当時の建物、花江茶亭《はなのえちゃてい》がある。もともとは三の丸にあったが、明治になってから現在地に移築したもので、この茶亭で幕末の藩主・毛利慶親《よしちか》（後の敬親《たかちか》）が側近の家臣たちと密談を重ねたという。まさに萩城は、長州藩のさまざまな政治的な決断や産業近代化の政策形成が行われる舞台だったのである。

実は萩城築城のいきさつと城の構造そのものに、明治維新を成功させた〝秘密〟が隠されている。そのカギは一六〇〇（慶長五）年の関ヶ原の戦いにさかのぼる。萩城を築城した毛利輝元は、豊臣政権時代には広島城を本拠地として中国地方の一〇カ国、約一二〇万石を領有する大大名だった。しかし関ヶ原の戦いで西軍の総大将にかつがれた末に西軍が敗北したことから、毛利家は存亡の危機に立たされる。最終的に取りつぶしは免れたが、徳川家康の命により周防《すおう》・長門《ながと》（現在の山口県）の二カ国三七万石に大幅削減され、そのうえ本拠地を交通の不便な日本海側の萩に移されたのだった。

周防・長門を治める本拠地なら、古くからの中心都市である山口、または山陽側の防府あたりが常識的なところだ。しかし家康は毛利をできるだけ江戸から遠ざけて萩に封じ込め、万が一にも謀反を起こせないようにしたのだ。毛利への強い処罰感情と警戒感が表れている。

しかしこれは毛利側に大きな恨みを残した。萩城の立地を見ると、仮想敵、つまり徳川軍への防衛を強く意識していたことがうかがえる。萩はもともと北側が日本海に面し、陸側の三方が山に囲まれて、敵に攻められにくい位置にある。その萩の中でも北西端の、海を背にしたところに城を築いたのである。

城の背後には海に突き出た形で標高一四三メートルの小さな山（指月山《しづきやま》）があり、輝元はその山頂に「詰丸《つめまる》」と呼んだ城郭を築いている。この指月山に登ってみて、標高のわりに非常に急峻なことに驚かされた。詰丸のあった山頂は狭いながら、ここにも本丸と二の丸があったそうで、櫓も備え山頂を石垣でぐるりと囲む構造になっていたらしい。今は石垣や建物の礎石などの一部が残るだけだが、相当な要害だったことがうかがえる。どう見ても戦いに備えた造りである。

その東南のふもとには本来の本丸、二の丸、三の丸を配置し、周辺の三角州の地域に城下町を形成している。町の東西を挟むように川が流れて海に注がれており、まさに天然の堀の役目を果たしている。城下町の各所に敵の侵入を防ぐ工夫が凝らされていることは前述のとおりである。関ヶ原の戦いが終わった後であるにもかかわらず、このような城と町を作ったのだ。「いざとなれば徳川と一戦を交える」との覚悟が読み取れる。

この萩の城と町の構造に見られるような徳川幕府への警戒と恨みは、江戸時代を通じて代々受け継がれていったようだ。こんな話が伝わっている。長州藩では毎年正月、藩主と家老が二人だけで天守閣に登り、家老が「殿、討幕の用意ができました。いかがいたしましょうか」と言うと、藩主が「わかった。しかし今年はやめておこう」と答える秘密の儀式があったそうだ。もちろん実際に討幕の用意などしていたわけがないし、一種の都市伝説のようなものかもしれない。しかしそのような話が残っていること自体、長州藩に「折あらば」という気風があったことを示している。

そしてそれは、関ヶ原の戦いから二百数十年経った幕末に現実となった。萩の町で長年にわたって静かに蓄積されてきたエネルギーがついに爆発したかのようだ。

海外への危機感から反射炉建設に着手

幕末の長州藩の動きは最初から「討幕」だったわけではない。しかし第一章で見た薩摩藩と同じように、長州藩でも海外への関心と危機感が高まったことが出発点となった。長州藩は本州の最西端に位置してアジア大陸に近く、実は海岸線が非常に長い。そのため海防への危機感が高まり、藩はいち早くその対応策に取り組み始めた。

藩がまず着手したのは、洋式の大砲や軍艦の建造だった。そのために建設したのが萩反射炉、恵美須ヶ鼻造船所で、それらに鉄を供給したのが大板山たたら製鉄所だ。この三つの跡が、萩城下町、松下村塾とともに世界遺産に登録された。

反射炉は佐賀藩、続いて薩摩藩が建設に成功したことは第一章で見たとおりで、長州藩も建設に乗り出そうとしていた。そこで、佐賀藩に技術伝授を依頼するため三人の藩士と大工棟梁の小沢忠右衛門を派遣した。一八五五（安政二）年のことである。

佐賀藩には「いまだ研究途上にある」として断られたが、粘った結果ようやく反射炉の見学だけは許された。小沢は見取り図を描いて萩に持ち帰り、藩は翌年その図面をもとに建設に着手した。

また薩摩にも藩士を派遣して、反射炉による大砲鋳造と軍艦建造の技術伝授を要請している。ここでも大砲鋳造技術の伝授は断られたが、軍艦建造の技術伝授は許諾された。こうした様子を見ると、先進的な取り組みを開始していた各藩は「武士は相身互い」という仲間意識がある一方で、ライバルでもあり、微妙な駆け引きが展開されていて興味深い。後に薩長同盟を結んで討幕を果たした薩摩と長州だが、この時期にはまだ何の協力関係もなかったことは言うまでもない。

萩の反射炉は一八五六（安政三）年頃に完成したとみられる。萩市街から北東に三キロほど離れた海岸近くの小高い丘に、高さ約一〇メートルの煙突二本が立っている。煙突は基底

萩反射炉。他の反射炉よりやや小さく、試験炉だったとみられている。周辺は公園として整備されている（萩市大字椿東）

部から安山岩を積み上げて作られ、その上部は煉瓦積みとなっている。反射炉は炉の内部で銑鉄を高温で溶かし、煙突を通って空気を上方に逃がす構造だが、現在は煉瓦の一部が崩落し炉の部分は確認できる状態で残っていない。

実は長州藩の反射炉建設をめぐっては、いくつかの〝謎〟が残る。建設に着手したものの、実用化に成功したという史料が確認できないのである。それに、現存する反射炉は本来の反射炉に比べてやや小さい。例えば伊豆・韮山に現存する反射炉の煙突の高さ約一五メートルと比べると低く、薩摩の基礎部分の石組みの規模から類推しても、記録に残る佐賀のものと比べても小さい。

萩博物館主任学芸員の道迫《どうさこ》真吾氏の研究によると、現存する萩反射炉は試験的なもので、一時は操業が試みられたものの、実用反射炉を建設するに至らなかったという（同氏「萩反射炉関連史料の調査研究報告」『萩博物館調査研究報告』第五号、第七号）。技術面と費用面の困難を克服できなかったことなどが原因とみられる。しかしそれでも、現存する反射炉の歴史的価値を低めるものではない。道迫氏は「近代化の初期段階での試行錯誤を示すものであり、それ自体が明治期の重工業発展の基盤を形成したものだ」と指摘する。

桂小五郎の進言で造船所を建設

一方、反射炉からほど近い入り江には、恵美須ヶ鼻造船所跡がある。桂小五郎の進言によって一八五六（安政三）年に建設されたものだ。

そのいきさつを見よう。一八五二（嘉永五）年、二〇歳になって江戸に出た桂は江戸の三大道場の一つ、神道無念流の練兵館《れんぺいかん》に入門し、免許皆伝を得るほどの剣豪に成長、わずか一年で塾頭となった。同道場主の斎藤弥九郎《やくろう》が伊豆の代官・江川太郎左衛門英龍《ひでたつ》と親しかったことが縁で、桂は江川から西洋式兵学や砲術を学ぶ機会に恵まれた。江川は兵学家でもあり、伊豆から江戸湾防衛の必要性を説き、伊豆・韮山に反射炉を築いた人物である（詳しくは第四章参照）。

桂が江戸に来た翌年の一八五三（嘉永六）年にペリーが来航、桂は江川の付き人としてペリー艦隊や江戸湾の視察にまで同行している。桂はまた浦賀奉行与力だった中島三郎助《さぶろうすけ》に洋式造船技術を学んだ。こうした経験によって、桂は洋式軍艦の建造とそれに必要な造船所の建設を藩に進言したのだった。

それにしても、桂がたまたま江戸滞在中にペリー来航という歴史的出来事に遭遇したことは歴史の巡り合わせとしか言いようがない。それは後述する吉田松陰も同じである。

さて、桂の進言をうけて藩は一八五六（安政三）年、軍艦建造を決定した。ではどのような船を造るのか、その技術をどのようにして得るか——ここでも桂は重要な役割を果たした。その少し前、プチャーチン率いるロシア艦船が伊豆沖で遭難したため、その代替船を江川英龍が指揮して伊豆の戸田《へだ》（現・沼津市戸田）で建造させていた。桂はそのロシア式の造船技術と経験を活用することが得策と判断し、萩の船大工を江戸や伊豆に派遣して情報を収集させた。これを受けて藩は、ロシア人と一緒に代替船の建造にあたった戸田の船大工を萩に招聘した。

造船所の場所は、武家下屋敷と埋め立て地だった恵美須ヶ鼻の地に選定され、一八五七年一月（安政三年一二月）にロシア式の軍艦「丙辰丸《へいしんまる》」の進水に成功した。二本マストの木造帆船で、規模も全長二四・五メートル、排水量四七トンとそう大きくはないが、長州藩初めての洋式軍艦である。

続いて一八六〇（万延元）年にはオランダ式の軍艦「庚申丸《こうしんまる》」も建造している。やはり木造帆船だが、三本マストで、全長は丙辰丸の二倍近くある。

恵美須ヶ鼻造船所の跡は現在、石を積み上げた防波堤が残っているだけで、ドックや建屋などの遺構は地中に埋まっている。ここが造船所跡であるとは地元でもあまり知られていなかったという。しかし近年の発掘調査によって、わが国では数少ない一八五〇年代の西洋式軍艦造船所の遺構が比較的良好な状態で残されていること、かつロシア式とオランダ式という異なる外国の造船技術が共存する唯一の例であることがわかった。船大工による伝統的な和船の建造技術に最新鋭の西洋技術を融合させた点も大きな特徴だ。

発掘調査は現在も続けられている。周辺の敷地からは、船の建造に使われた釘や碇《いかり》などが出土しており、それらは大板山たたら製鉄所で製造されたものだったことが確認されている。

たたら製鉄は砂鉄を原料にする伝統的な製鉄法で、大板山たたら製鉄所はもともと一七〇〇年代から民間人の手で断続的に操業されていた。藩が反射炉や洋式軍艦建造に乗り出し

桂小五郎(木戸孝允)の進言で造られた恵美須ヶ鼻造船所跡。石をきれいに積み上げた防波堤が当時のまま残っている(萩市大字椿東)

大板山たたら製鉄遺跡は、製鉄の燃料となる森林に囲まれた山中にある。7000平方メートルにおよぶ一帯が史跡として整備されている(萩市大字紫福)

たとき、休止していた操業がちょうどタイミングよく再開された時期で、藩は同製鉄所で生産された鉄材を買い上げて近代化事業に投入したのだった。

大板山たたら製鉄遺跡は萩市街から北東へ車で小一時間走った山中にあるが、途中は細く曲がりくねった山道を通って、かなり奥深いところだ。周辺の森林は江戸時代には藩有林だったそうで、豊富な森林資源のあるこの地が、大量の燃料を必要とするたたら製鉄に適していた。現在、製鉄設備や建物などは残っていないが、山中の川沿いに開けた七〇〇〇平方メートル余りの広い区域内に、製鉄炉とフイゴが置かれた「高殿」、熱い鉄の塊を水で冷やす「鉄池」、砂鉄が水に沈むことを利用して不純物を取り除き砂鉄の純度を上げるための「砂鉄洗い場」などの施設の跡が確認されている。

このように萩反射炉、恵美須ヶ鼻造船所跡、大板山たたら製鉄遺跡の三つは一見地味だが、長州藩がいち早く近代化に取り組んだ姿を今日に伝える貴重な遺産なのである。

近代化の原動力となった松下村塾

そうした中で、萩のエネルギーを爆発させる起爆剤となったのが吉田松陰（一八三〇～五九年）だった。松陰は幼い頃から聡明で、わずか一一歳にして藩主の前で兵学について講義したという。一九歳で藩校・明倫館の師範となったが、その頃にはすでに兵学者の立場から日本の海防に強い危機感を抱くようになっていたようだ。西洋の事情について書かれた数多くの書物を入手し、世界の歴史や地理、経済から医学、算術に至るまで幅広い情報と知識を習得していった。

と同時に、松陰は書物を通じての学問だけでは飽き足らず、実際に足を運んで自分の目で確かめ行動することを旨とした。この点が松陰の一貫した特徴となっており、それがまた後に多くの人材を育て日本を動かすことになる。二一歳になった松陰は長崎に遊学し、入港していたオランダ船に乗り込んで見学したほか、当時の西洋式砲術の第一人者と言われた高島秋帆《しゅうはん》の息子・浅五郎《あさごろう》に砲術を学んだ。この後、九州各地を回り、続いて江戸に出て、さらにはロシア船が数多く出没する北方の海防対策の実情を知る必要があるとして東北各地の調査に出かけた。この間、わずか一年余りである。

その行動力には驚かされるが、この東北歴訪に際して、藩の手形が発行されるのを待たずに江戸を離れたため、松陰は士籍はく奪・家禄没収の処分を受けている。

そして一八五三（嘉永六）年。萩に戻って謹慎していた松陰は許され、再び江戸に遊学した。そこにやってきたのがペリーだった。浦賀まで出かけて黒船の姿に衝撃を受けた松陰は

松下村塾の講義室（正面に置かれている机は吉田松陰が使っていたもの）

松下村塾の塾舎。建物の右半分が講義室、左半分は塾生たちによって増築された部屋

吉田松陰肖像　©山口県文書館

翌年にペリーが再来航した機会をとらえ、米軍艦に乗船して米国に渡航することを企てる。しかしペリーに拒否されて失敗に終わり、松陰は江戸・伝馬町《てんまちょう》の獄に入れられた。

その後、萩に護送されて藩の獄につながれる身となったが、この獄中で他の囚人たちに『孟子』の講義をしたことが、後の松下村塾につながっていく。一年余りの獄中生活の後、松陰は実家・杉家お預け処分となり三畳半の一室で幽閉生活を送るようになったのだが、ここでも近隣の若者に『孟子』の講義をするようになった。この杉家の住宅は現存しており、松陰が幽閉された部屋も屋外から見学できる。

やがて松陰の講義は評判となり、翌年に杉家の敷地内にあった小さな建物を改造して塾舎にした。当初は八畳一間だったが、門人が増えて手狭になったため、一〇畳半の部屋を増築した。これが現存する松下村塾である。

松下村塾の建物はその八畳と一〇畳半の二部屋だけの木造平屋建て。現在、中には入れないが、周囲を回って部屋の内部を見ることができる。八畳の部屋が講義室で、床の間を背にした正面には松陰が実際に使っていた机も置いてある。ここで学んだ門下生は延べ九〇人余りにのぼり、高杉晋作、伊藤博文、山縣有朋《やまがたありとも》など、そうそうたる面々が巣立っていった。まさしく、この小さな建物から日本の近代化ののろしが上がったのだ。

実は、松陰が松下村塾を主宰した期間は、杉家の一室で講義を始めてから安政の大獄により投獄されるまでのわずか二年一〇カ月に過ぎない。松陰は一八五九（安政六）年に処刑されるが、門下生たちが松陰の遺志を継いで日本を変えていくことになる。

松陰の遺志を受け継いだ伊藤博文

松陰の遺志を継いで、まず尊王攘夷活動の中心となったのは「松下村塾の四天王」と言われた四人だった。しかし、まだ二〇代だった四人もまた志半ばで倒れてしまう。吉田稔麿《としまろ》は松陰の死から約五年後の一八六四（元治元）年、新選組が尊王攘夷派の志士を襲撃した池田屋事件で討死し、次いで久坂玄瑞《くさかげんずい》と入江九一《くいち》は同年の禁門の変で敗れて自害、さらに高杉晋作は明治維新目前の一八六七（慶応三）年に結核のため亡くなった。その四天王の後を継いだのが伊藤博文である。リレーのようにバトンを次から次へと受け継いでいった。

伊藤が松下村塾に入門したのは一七歳の頃。当時伊藤が住んでいた家は松下村塾から歩いて数分のところにあり、今日も国指定史跡として現存している。ここから松下村塾に通ったわけだが、足軽という低い身分だったため、最初の頃は座敷に上がらずに塾舎の外で立ち聞きして勉強したという。優秀で気がきく性格だったようで、松陰も伊藤のことを評価していた。伊藤は名前を利助から俊輔に改めるが、これは松陰から「俊英」の俊という字をもらったものだと伝えられている。

その頃、長州藩では若い藩士を京に遊学させて天下の情勢を学ばせることになり、松陰の推薦により伊藤ら六人の藩士が選ばれた。松陰は「往《ゆ》け六人、本藩方に飛耳長目《まさひじちょうもく》を以て務《つとめ》と為す」、耳を飛ばし目を長くして勉強せよと伊藤らを激励して送り出したという。伊藤は三カ月後に萩に戻り、今度は長崎の藩邸に派遣されるなど、見聞を広める経験を積む。

長崎から帰藩後は桂小五郎の従者となって、江戸に移り住むことになった。一八五九（安政六）年のことである。桂小五郎は松陰より三つ年下で、松陰がかつて藩校・明倫館で教授をつとめていた頃に兵学を学んで以来の子弟関係であり親友でもあった。その頃、桂は前述の造船事業などを通じて藩内で急速に頭角を現し、藩政の中心的存在になりつつあった。

だがこうして伊藤が多くのことを吸収し成長している間に、萩では大変なことが起きていた。松陰が捕縛され江戸に送られていたのだ。そして伊藤が江戸に到着して間もなく、ついに松陰は処刑された。伊藤が受けたショックは計り知れないものだったろう。

伊藤と桂は、当時江戸にいた他の松下村塾門下生二人とともに松陰の遺体の引き取りに小塚原回向院《えこういん》（現・東京都荒川区南千住）に出向いている。役人から受け取った桶を開けると、斬首され裸で血にまみれた師の変わり果てた姿があった。四人は泣きながら遺体を洗い、桂が自分の襦袢《じゅばん》を脱いで遺体に着せて伊藤は自分の帯をとって結んだ。乱れていた髪を整えて首を胴の上に乗せ、棺に入れて回向院に埋葬したのだった。伊藤らは松陰の無念を思い、その遺志を継ぐことを心に誓ったことだろう。

それから三年余り後の一八六三年二月（文久三年一月）、松陰の遺骸は世田谷若林村（現・東京都世田谷区若林）に改葬された。その前年に大赦令が出たことを受けて、罪人の墓所である回向院から移すことにしたもので、伊藤は高杉らとともに遺骨を棺に納めて回向院から若林まで運んだ。松陰の処刑直後の遺体引き取りと改葬の両方に立ち会ったのは伊藤だけである。若林の改葬地は明治維新後に松陰神社となり今日に至っている。

長州ファイブが英国に渡航――攘夷の愚を悟る――

そしてこの改葬から四カ月後、伊藤は松陰の遺志の一つを実現した。海外渡航である。松陰は生前、欧米列強による侵略の脅威から日本を守るには外国に負けないよう軍備を強化すべきと主張していたが、それは単に外国人排斥を唱える偏狭な攘夷論ではなかった。海外に渡って欧米の実情を自分の目で確かめ技術や文明を取り入れる必要性を認識していたのであり、だからこそ海外渡航を企てたのだった。伊藤はその遺志を継いだわけだ。

一八六三年六月(文久三年五月)、伊藤は同志とともに横浜から英国に向けて出航した。同行したのは、井上聞多《ぶんた》(後の馨《かおる》、外務大臣)、山尾庸三《ようぞう》、野村弥吉《やきち》(井上勝《まさる》)、遠藤謹助《きんすけ》の四人で、伊藤を含めて「長州ファイブ」と呼ばれる。第一章で紹介した薩摩藩の留学生の英国派遣より二年前のことである。当時は幕府の使節以外の海外渡航がまだ禁じられていたが、伊藤らの強い希望を藩が受け入れて実現したものだった。

伊藤らは英国の貿易商社、ジャーディン・マセソン商会横浜支店の手引きで密かに英国船に乗り込んだ。出航前日の夜、伊藤らはちょんまげを切り落とし洋服に着替えている。これは武士を捨てるに等しいわけで、彼らの決死の覚悟と決意の表れである。

一行は上海で船を乗り換えた後、四カ月かけてロンドンに到着した。さっそくロンドン大学の教授の自宅などに分宿して、同大学で化学や工学などを学び始めた。同大学の古い学籍簿に、伊藤たちがローマ字で署名した記録が残っている。大学の資料室でこれを目にしたとき、彼らの肉筆から心意気が伝わってくるような気がした。

五人は大学で最先端の学問を学びながら、海軍設備や造船所、工場などを見学して過ごした。イングランド銀行を訪れた際は、紙幣印刷工場で紙幣が次々に高速で印刷されるのを見て感嘆の声を上げたという。産業革命によって世界最大の経済大国となった英国の繁栄ぶ

薩摩と長州の留学生が一緒に見学した機械メーカー、ブリタニア鉄工所の本社跡（ロンドン郊外ベッドフォード市）

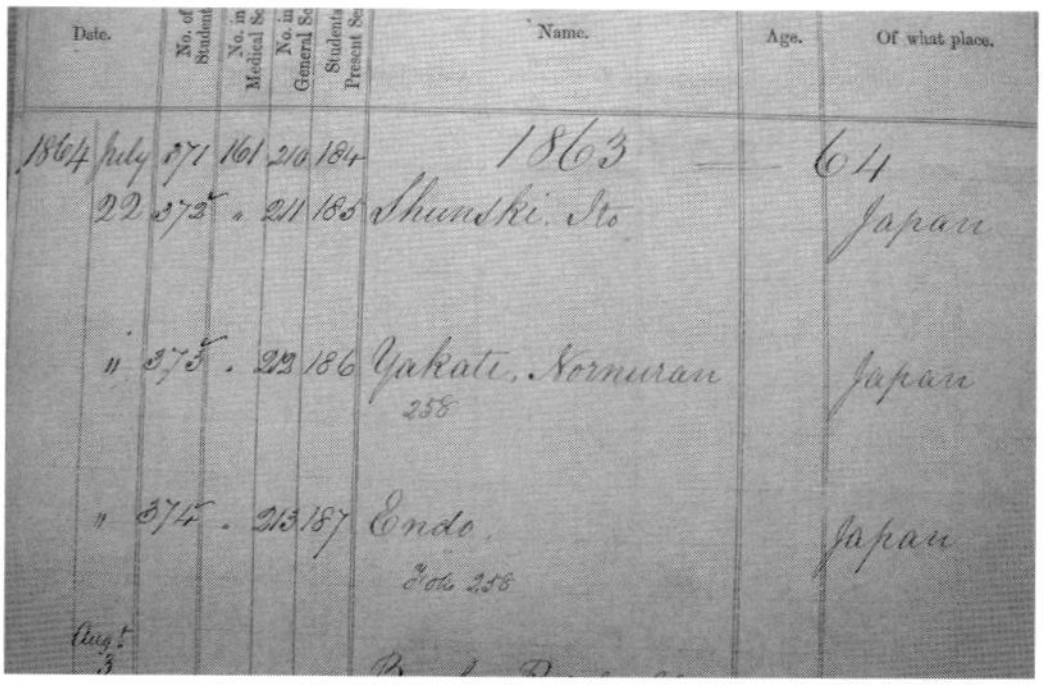

Date.		No. of Students	No. in Medical Sc.	No. in General Sc.	Students Present Se.	Name.	Age.	Of what place.
1864	July	371	161	210	184	1863		64
	22	372	〃	211	185	Shunski Ito		Japan
	〃	373	.	212	186	Yakati Nomuran 258		Japan
	〃	374	.	213	187	Endo		Japan

ロンドン大学の学籍簿に残る伊藤博文らの署名（上から、伊藤俊輔、野村弥吉、遠藤謹助）。当時はアルファベットの表記は我流だった

長州ファイブの一人、山尾庸三が働いて技術を学んだグラスゴーの造船所跡

りを目の当たりにして、もはや「攘夷」など通用しないことを悟るのだった。彼らはこれらの経験を日本に持ち帰り、その後の長州藩の路線と日本の近代化に大きな影響を与えることになる。この点、第一章に登場した薩摩藩の留学生と同じである。

ところで実は、彼らが横浜を出発した日の二日前、長州藩は「攘夷決行」と称して下関海峡を通過する外国船に向かって陸から砲撃する事件が起きていた。五人はロンドンに滞在して約半年が経った一八六四年四月頃（日本では元治元年三月頃）、英米仏蘭四カ国連合艦隊による長州への報復攻撃が近いことを新聞で知る。伊藤と井上聞多の二人は戦争を止めるため急きょ帰国を決断した。

後年、伊藤はこのときの危機感について、「文明の勢いより考えて、長州などが攘夷を無謀にしようというのはもってのほかだ。（中略）打ち捨てておくと取り返しの出来ぬことが起こる。国が亡びるに相違ない。たとえ、われわれがここで学問して業が成っても、自分の生国が亡びては何のためになるか。（中略）身命を賭けても止める手段をしなければならぬ」と振り返っている（新人物往来社編『伊藤博文直話』新人物文庫）。

二カ月かかって帰国した二人は藩主に直接会って、西洋の進んだ文明と軍事力から見て「攘夷」が通用しないことを必死に訴え、戦争回避を説得した。その一方で、英国公使オールコックやその通訳官アーネスト・サトウにも会って攻撃中止を求めるなど奔走した。しかしその努力も実らず、結局四カ国艦隊は砲撃を開始した。長州側も応戦したものの四カ国艦隊の上陸を許し、下関にあった砲台は占拠、破壊されてしまう。

欧米四カ国と講和、薩長同盟へと路線転換

もはや軍事力の差は歴然としていた。やむなく長州藩は四カ国と講和交渉に入ることにし、高杉晋作を講和交渉の使者に任命した。伊藤と井上が通訳に起用され、交渉に努めた結果、講和が成立する。

しかし今度は幕府から攻められ、藩内では幕府への恭順か抵抗かをめぐり対立が激化していた。そんな中、高杉は奇兵隊を率いて挙兵し藩政の実権を握ることに成功した。このとき、高杉のもとへ真っ先に駆け付けたのが伊藤だったという。この決起が討幕へとつながっていく。まさに歴史的な局面で、伊藤らは決定的な役割を果たしたのだった。

伊藤は薩長同盟の成立を陰で支える役割も果たしている。犬猿の仲だった薩摩と長州の仲介に動いたのが坂本龍馬（一八三六〜六七年）だ。龍馬は第一ステップとして、薩摩藩名義で英国から武器や蒸気船を購入して長州に回し、長州は米を薩摩に提供するという斡旋案

を示し、薩摩と長州は接近を模索し始める。

これを受けて伊藤は下関と長崎をたびたび往復し、武器や船の購入交渉に当たった。これには英国人商人のトーマス・グラバーや薩摩藩士の五代友厚の協力も得ており、長崎に現存するグラバー邸にも立ち寄っている。こうした地ならしをしたうえで、一八六六（慶応二）年に薩長同盟が成立したのだった。明治維新はこうして成し遂げられたのである。

明治維新後、伊藤は新政府による岩倉使節団の副使として欧米を回り、近代化政策の中心的役割を果たしていく。帰国後、「長州ファイブ」の仲間だった山尾庸三とともに殖産興業を所管する工部省の設立に尽力し、一八七三（明治六）年、同省のトップとなる初代工部卿に任命された。まさに産業革命を推進する立場に就いたのだった。

その翌年には「鉄道、船、あらゆる鉄の製品を自前で作ることが必要」として、製鉄所の設置を提言し、その年に官営釜石製鉄所の建設が始まっている。そして一八八五(明治一八)年に初代内閣総理大臣に就任し、以後、四度にわたって総理大臣を務めるが、二度目の総理時代に官営八幡製鉄所建設の方針を決定し公布した。製鉄は産業革命の本命と言えるが、その二つの官営製鉄所の建設決定に伊藤は全面的に関わっていたのである。

伊藤はまた工部卿時代に山尾らとともに「工学寮」（後に工部大学校に改称、東大工学部の前身）の設立にも携わっている。ここで学んだ学生の中から、八幡製鉄所の技術者として活躍する多くの人材が生まれた。

伊藤博文は言うまでもなく明治を代表する政治家だが、こうした産業分野での活躍ぶりについては意外に知られていない。伊藤こそ、産業革命を推進した中心人物なのである。

長州ファイブのその後──産業革命に尽力──

ここで、長州ファイブの他の四人のその後を見ておこう。

英米仏蘭四カ国との戦争を止めるべく、伊藤と一緒に急きょ帰国した井上馨も、伊藤の後任として二代目の工部卿をつとめている。また工部卿就任以前から長崎造船局との関係も深く、一八六八（明治元）年に長崎府判事（現在の県知事に相当）に就任し、長崎造船局の前身である長崎製鉄所の御用掛をつとめていた。その後、不平等条約改正をめざした鹿鳴館外交を展開、初代総理大臣となった伊藤の下で初代外務大臣をつとめたことはよく知られている。井上は伊藤の盟友として伊藤を支え続けた。

なお井上は帰国直後、藩内の攘夷強硬派に襲撃され瀕死の重傷を負うという事件があった。井上は虫の息の下で「もはやこれまで」と同僚に介錯を頼んだが、母親がそれを必死に推しとどめ、同志の医師・所郁太郎《ところいくたろう》が懸命に治療したおかげで一命をとりとめたという。

山尾庸三、井上勝、遠藤謹助の三人は、伊藤と井上馨が帰国した後もしばらく英国にとどまり、留学生活を送った。その頃、薩摩からやってきた留学生たちと偶然ロンドンで出会う。当時はまだ薩摩と長州の関係はよくなかったため、双方ともに当初は警戒するような雰囲気があったらしいが、異国の地で出会った日本人同士だけにすぐに打ち解けて積極的に情報交換するようになった。一緒にロンドン郊外の工場見学に出かけたりもしている。

山尾は造船技術を学ぶためロンドンからスコットランドのグラスゴーに移り住むことを決意するが、資金が底をついていた。そこで薩摩の留学生たちがおカネを出し合い、山尾のグラスゴー行きを助けたという話まで残っている。グラスゴーはその頃、英国の最大の造船都市で、山尾は昼間は造船会社で働き、夜間は地元の大学に通って勉学に励んだ。

帰国後の山尾庸三は伊藤とともに工部省の設立に携わり、四代目工部卿に就任した。前述の工学寮を設立するなど、日本の体系的工学教育の確立に尽力し「工学の父」と呼ばれた。

井上勝は鉄道建設の中心的役割を担った。工部省の下で新橋―横浜の開業に携わったのをはじめ、東海道本線、東北本線など鉄道網を全国に広げていった。鉄道局長、鉄道庁長官などを歴任、「鉄道の父」と呼ばれている。現在、東京駅前に銅像が立っている。

遠藤謹助は近代的貨幣制度と技術の確立に力を注いだ。大阪に設置された造幣局の開設に尽力し、後に造幣局長に就任した。現在、毎年春になると造幣局の「桜の通り抜け」が一般公開され多くの人が花見を楽しむことで有名だが、これを始めたのが遠藤である。

吉田松陰は「産業革命」も説いていた

これら長州ファイブのうち伊藤以外は松下村塾の門下生ではないが、このように四人とも明治の産業革命において重要な役割を果たしていたことがよくわかる。そしてもう一つ、あまり知られていないが、吉田松陰自身が産業近代化の必要性も論じていたことにも注目すべきだ。

松陰は洋式高炉の図を記述した資料を入手するなどして欧米の技術力を研究し、工学教育を提唱していた。松陰は「国勢振興の根本は人材教育にある」とし、欧米列強に対抗するには工業基盤を強化することが不可欠だと考えたのだ。そのために「身分の高低などを問わず機会均等に学校に人材を集め、実技を教える作業場を作るべきだ」としている。山尾庸三の工学寮設立はまさにそれが具体化されたものといえる。

松陰の工学重視の考え方は他の門下生にも受け継がれた。その一人、渡辺蒿蔵《こうぞう》は松陰に

「今の日本は造船が大いに必要」と助言されたのをきっかけに米国、次いで英国に渡り、ロンドン大学で造船学を修めた後グラスゴーの造船所で技術を習得した。山尾庸三が働いた同じ造船所である。一八七三（明治六）年に帰国したあと、官営長崎造船局のトップをつとめ、日本の造船業の基礎を築いた。渡辺の実績は三菱長崎造船所に継承されていくことになる。

渡辺と一緒に米国に渡った門下生に飯田俊徳《としのり》という人物がいた。飯田はその後オランダで六年間留学した後に帰国、工部省に入り、井上勝の下で関西の鉄道建設の責任者となった。中でも飯田が総監督として指揮した京都─大津を結ぶ逢坂山《おうさかやま》トンネルは日本の鉄道史上に残る一大プロジェクトとなった。外国人に頼らず日本人技師が初めて自力で設計・施工したもので、難工事の末に一八八〇（明治一三）年に完成させた。これによって後に東海道本線の全線開通が可能になったのである。まさに〝明治版・プロジェクトX〟と言える。

このように吉田松陰の工学思想を門下生たちが受け継ぎ、明治の近代化を実現させた。松下村塾が産業革命遺産となっている意義は、まさにこうした点にある。萩の世界遺産には、静かな城下町が西洋技術を導入し試行錯誤を重ねながら近代化に挑戦していくプロセスが凝縮されている。

長州藩の幕末の動き

西暦	和暦	長州藩	日本・世界
1853	嘉永6		ペリー来航
1854	嘉永7	吉田松陰、黒船で米国渡航を試み失敗	ペリー再来航
1856	安政3	萩反射炉建設に着手／恵美須ヶ鼻造船所建設／松下村塾、事実上の開設	
1857	安政4	松下村塾の塾舎完成（～現存）	
1858	安政5	吉田松陰、投獄される	井伊直弼大老に／安政の大獄
1859	安政6	吉田松陰、処刑される	
1860	安政7		桜田門外の変
1863	文久3	伊藤博文ら5人、英国に渡航／長州と4カ国、下関戦争（～1864）／8月18日の政変（長州藩が京都から追放される）	薩英戦争
1864	元治元	池田屋事件（新選組が長州藩士らを殺害）／禁門の変で長州敗退（久坂玄瑞ら自害）／幕府による第1次長州征討	
1865	元治2		薩摩藩、19人を英国派遣
1866	慶応2	薩長同盟／幕府による第2次長州征討	
1867	慶応3		幕府、パリ万博に出展／大政奉還
1868	慶応4		明治に改元

対象となる世界遺産

萩城下町（山口県萩市）
萩城跡、旧上級武家屋敷、旧町人地で構成
反射炉（山口県萩市）
1856年に建設したが、試作炉と見られる
恵美須ヶ鼻造船所跡（山口県萩市）
1856年に開設、2隻の洋式帆走軍艦を建造
大板山たたら製鉄遺跡（山口県萩市）
ここで製造された釘や碇など鉄製部材が、恵美須ヶ鼻造船所での船舶建造に使われた
松下村塾（山口県萩市）
現存する塾舎は1857年に開設。隣接地には松陰の実家・杉家も現存

第三章
実は近代化のトップランナーだった佐賀
――「地方創生」の先駆け――

佐賀藩の近代化に取り組んだ鍋島直正の肖像写真（1859年撮影）
©公益財団法人鍋島報效会

長崎警備を担当し国防への危機感高める

佐賀県と聞くと一般的には地味なイメージが強いが、幕末期に日本の最先進地域であったことはあまり知られていない。当時の佐賀藩は近代化への取り組みをいち早く始め、その技術力は幕府や他藩をしのぐほどであった。まさしく近代化のトップランナーであり、今日風に言えば「地方創生」の先駆けと言える。世界遺産に登録された「三重津海軍所跡《みえつかいぐんじょあと》」は、その証《あかし》である。

佐賀藩の近代化への取り組みは薩摩、長州などと同様に、いやそれより先行して始まっていた。佐賀藩はもともと有力な藩で、石高三五万七〇〇〇石、全国約二八〇藩のうち徳川御三家を除くと八位の大きさだった。そうした基盤に加えて、唯一の貿易港・長崎の隣という地理的条件が佐賀をトップランナーに押し上げる要因となった。

周知のとおり幕府は欧米諸国ではオランダのみに長崎・出島での通商を許していた。幕府は江戸時代初期から長崎を天領として長崎奉行所を置くとともに、佐賀藩と福岡藩に一年交代で長崎の警備を命じていた。このため佐賀藩は長崎に入ってくる海外情報や蘭学の知識などを入手しやすい立場にあり、藩内でも蘭学の研究などが盛んになっていた。近代医学の先駆者と言われる伊東玄朴《げんぼく》をはじめ、全国でもトップクラスの蘭学者・医学者を数多く輩出している。

江戸時代後半に入ると欧米列強の船が日本周辺に出没するようになり、佐賀藩では国防への危機感が高まっていった。一八〇八（文化五）年には英軍艦フェートン号が長崎港内に侵入してオランダ商館員を人質に取るという事件（フェートン号事件）が起きる。結果的には日本側に人的・物的被害がなく、フェートン号は長崎港から平和的に退去したが、事件の責任を取って当時の長崎奉行は自ら切腹、その年の長崎警備の当番は佐賀藩だったため当時の藩主・鍋島斉直《なりなお》は幕府から一〇〇日間もの閉門を命じられた。

鍋島直正登場、借金払えず行列停止にショック

その斉直の後を継いで、一八三〇（天保元）年に藩主となったのが鍋島直正（一八一四〜七一年）である。時に一七歳。さっそく藩政改革に着手した。直正の改革は、①財政再建、

②軍事力強化と西洋技術の導入、③人材教育――の三本柱にまとめることができる。
実は当時の佐賀藩は膨大な財政赤字を抱えていた。その頃はほとんどの藩が財政赤字に苦しんでいたが、特に佐賀藩の場合は長崎警備の費用が自己負担だったため財政難が常態化し、そこに台風被害などが重なって、藩財政は完全に行き詰まっていた。地元の研究家・田中耕作氏によれば、天保元年の藩予算で年貢収入は全収入の一二パーセントに過ぎず、借金が七三パーセントに達するという「破壊的な状況だった」（同氏著『幕末の鍋島佐賀藩――10代藩主直正（閑叟《かんそう》）とその時代』佐賀新聞社）。

佐賀藩の危機的状況を示すこんなエピソードが残されている。直正が江戸藩邸で藩主に就任して約一カ月後に初めて佐賀にお国入りすることになった。ところが出発の日、直正が品川まで来たところで止まったまま動かなくなった。直正が「どうしたのか」と聞くと、実は江戸藩邸におカネがないため米やしょうゆなどを掛け売りしてもらっていたのだが、商人たちが出発前に支払うよう求めて藩邸に押しかけてきて混乱のため出発できない、というのである。結局、出発を一日延期せざるを得なかった。

日用品の代金すら払えないほど藩財政が深刻なことを、直正は初めて知ったのだった。この出来事がその後の直正の改革の原点となっていく。お国入りした直正はまず「粗衣粗食令」を発して、自ら率先して倹約した生活を送った。ただ当初は隠居した前藩主であり父である斉直に遠慮して、質素倹約を中心とするものにとどまっていた。直正は本来なら大胆な改革を進めたいところだったが、父親の影響力はなお健在で、数年間はなかなか思うようにいかなかったようだ。

財政再建に着手、成長戦略も

このあたり、第一章で登場した薩摩藩主・島津斉彬と似たところがある。斉彬の場合、父親の斉興は斉彬の開明的な考え方が藩財政を悪化させると警戒し、斉彬が四〇歳を過ぎても藩主の座を譲らなかった。そのことが一因となって藩内が斉彬派と異母弟・久光派の抗争に発展する事態となったほどで、幕府首脳部の仲介によってようやく斉彬が藩主に就任することになる。しかし隠居した斉興はなおも隠然とした影響力を持っていたため、斉彬はその干渉を排しながら近代化事業を推進しなければならなかった。

この斉彬と直正は母親同士が姉妹でいとこの関係にあった。二人とも蘭学を深く学び海外への知識も豊富という共通点を持っており、交流も深かった。佐賀藩の江戸藩邸と薩摩藩の別邸がともに日比谷（現在の日比谷公園付近）にあり、ほぼ隣同士という縁もあった。斉彬がまだ藩主に就任する前のある日、江戸の佐賀藩邸を突然訪問し、それ以来、直正と斉彬は頻繁に夜遅くまで語り合うようになったという。どんな話をしたかは不明だが、父親との関係で苦労したことも、お互いの立場を近づける要素になったかもしれない。

そのような折、転機がやってくる。一八三五（天保六）年、佐賀城の中枢だった二の丸が大火で焼失してしまったのだ。この危機を突破するにあたり直正は、斉直の介入を退けて、一〇〇年ほど前に焼失していた本丸御殿の再建を果たして全権の掌握に成功した。これを機に、参勤交代のお供の人数削減、役人の数を三分の二に削減、行政機構と人事の刷新など、改革を本格化させていった。

借金の整理にも取り組んだ。その詳しい方法はよくわかっていないが、一部を支払う代わりに残高の大部分を五〇年とか一〇〇年などの長期分割払いにする、あるいは残高分を献金してもらうなどの方法がとられたようだ。こうしたやり方から「そろばん大名・鍋島」と揶揄されることもあった。しかしそのおかげで、財政再建の成果が少しずつ出てきたという。

ただ直正の改革は歳出削減の財政再建一本やりではなかった。小作料免除など農村復興と生産力向上のためのさまざまな対策、綿花や甘蔗《かんしょ》の栽培、石炭採掘など殖産興業を進めた点が特徴だ。これがまた藩財政に寄与する効果を狙ったものだった。「成長戦略」が佐賀にもあったのだった。

時代は少し下るが、一八六八（慶応四）年、佐賀藩の領地だった長崎沖の高島で、英国人商人、トーマス・グラバーと共同で西洋式機械導入による近代的炭鉱開発に乗り出している。

オランダ船に乗り込み、西洋技術導入

直正は財政再建を軌道に乗せたことで、軍事力の強化に取り組むことができるようになった。前述のフェートン号事件は直正が生まれる前のことではあるが、藩の苦いできごととして直正も知っていたであろうし、蘭学の研究などを通じて当時の海外情勢についても詳しい知識を持っていた。特に一八四〇～四二年のアヘン戦争は長崎警備を担当する佐賀藩に大きな緊張と危機感をもたらした。軍事力強化は急務だったのだ。

軍事力強化は西洋技術の導入とセットである。直正は藩主になって初めて佐賀にお国入りした直後に長崎の警備状況も視察し、その際に長崎港に停泊中のオランダ商船に乗り込んで船内を見学した。商船といっても海賊対策として大砲を装備していたという。若き新藩主は西洋との力の差を痛感したことだろう。

これ以降、直正はたびたびオランダ船に乗船するようになった。商船だけではない。一八四四（天保一五）年には家臣三一人を伴って、軍艦パレンバン号に乗船している。同船は、オランダ国王から幕府に開国を勧める国書を送り届けるために長崎に入港したもので、ペリー来航の九年前である。直正は船上でオランダ海軍の軍事訓練を見学し、手厚い接待も受けたという。直正の見学について幕府の長崎奉行は当初難色を示したが、長崎の警備強化のために必要であると説得して実現したという。その行動力と先見の明には驚かされる。このときオランダの勧告に対し幕府は開国を拒否したのだが、西洋の進んだ技術と軍事力を目の当たりにした直正は、洋式大砲と蒸気船を自力で製造することの必要性を痛感するようになる。

なお、直正はペリーが来航した直後にも、長崎に入港したオランダの軍艦に立て続けに乗船している。この時、直正は三〜四時間にわたって船内を隅から隅まで見て回り、艦長らと意見交換した。話題は砲術や操船術から政治、教育、通商問題にまで及んだという。さらに直正は乗船した軍艦を購入したいとその場で言い出し、艦長が慌てる一幕もあったと伝わっている。直正は「同艦の乗組員は別の商船で送り届け、要求される金額は前払いとする」などと申し出たそうだから、かなり具体的に考えていたように見える。

日本初の反射炉建設に成功――島津斉彬と深い交流――

そして一八五〇（嘉永三）年、大砲を作る施設である反射炉の建設に着手した。直正はオランダ将校ヒュゲーニンが著した大砲製造法の蘭書を入手して杉谷《すぎたに》雍助《ようすけ》という蘭学者に翻訳させ、それを頼りに建設に取りかかった。建設事業は杉谷と、直正の側近で砲術を修めた本島《もとじま》藤太夫《とうだゆう》を中心に、鋳物や鍛冶などのすぐれた職人を集めたプロジェクトチーム方式でスタートした。

建設場所は佐賀城下の職人町の裏手、築地《ついじ》というところだった。耐火煉瓦の焼成には有田焼の技術が活用されたとみられている。薩摩と同様に、佐賀でも反射炉という西洋の最先端技術を導入するにあたって伝統技術が動員されたのだった。

しかし同年中に反射炉の施設は建設したものの、何度も大砲を試作しては失敗を繰り返したという。本島と杉谷は不可能と判断し、とうとう「切腹して責任を取りたい」とまで願い出たという壮絶な話が残っている。直正は二人を粘り強く説得して、プロジェクトは続行された。そしてようやく五度目の試作で大砲が形になった。ところがそれに砲弾を詰めて試

佐賀藩の反射炉は残っていないが、佐賀市内の小学校の校庭の一角に築地反射炉と大砲の模型が設置されている（佐賀市長瀬町）

射したところ、砲身が炸裂してしまったという。

このような試行錯誤の末、二年後の一八五二（嘉永五）年に大砲の製造に成功した。日本初の反射炉であり、日本初の実用化であった。これは佐賀藩にとっても日本にとっても重要な節目となる出来事である。この佐賀の反射炉をモデルとして、薩摩藩や長州藩、さらに幕府の韮山反射炉などが建設されることになる。反射炉は近代化のキーテクノロジーとなり、佐賀は反射炉のパイオニアとなったのだった。

ところで、直正の近代化事業は薩摩藩主・島津斉彬との関係が大きく影響している。二人の親密ぶりは前述のとおりだが、第一章で、薩摩藩が反射炉建設に挑戦したとき、藩主の島津斉彬が「西洋人も人なり、佐賀人も人なり。薩摩人も同じく人なり」（西洋人や佐賀人にできたことが薩摩人にできないことはない）と言って藩士を励ましたエピソードを紹介したが、斉彬が反射炉建設で頼りにした翻訳本も直正から入手したものだった。

薩摩藩が反射炉建設に成功した後、佐賀藩士の佐野常民《つねたみ》らは鹿児島を訪れ、反射炉や集成館の工場群を見学している。その際、佐野らは自分たちで作った電信機を手土産として持参し、斉彬に贈った。彼らは見学した集成館の様子を佐賀に持ち帰り、絵図に残している。

その頃、直正は非常に興味深い行動をとっている。一八五八（安政五）年のある日、直正は長崎から密かに藩所有の蒸気船に乗って鹿児島の斉彬に会いに行ったのだ。ごく少数の側近しか知らない隠密行動だった。相手の斉彬も突然の来訪に驚いたが、静かな茶屋で膝を交えるように密談したという。

直正の側近だった久米邦武が後年まとめた『鍋島直正公傳』（侯爵鍋島家編纂所）によれば、このときの鹿児島訪問は久米も知らされていなかったそうで、「此航海は極めたる秘密にて、古川千住（側近の古川松根《まつね》、千住大之助《せんじゅだいのすけ》＝筆者注）はおくびにも出さゞれば、佐嘉（佐賀＝同上）には誰知るもの無かりき」と書いている。

この時代、藩主といえども幕府の許可なく他の藩内に立ち入ることは禁じられていたはずで、それを犯してまで鹿児島まで出かけたのは、よほど重要な話し合いであったと推測できる。両者の関係の深さを示す出来事だ。ただ、それからわずか三カ月後に斉彬が急死したこともあって、肝心の話の内容は全くわかっていない。久米も『鍋島直正公傳』で「闇中に葬り去られたるは千古の恨事」と残念がっている。

このように両藩は情報交換や技術交流を通じて、お互いに刺激し合い技術力を高めていったのだった。

幕府からも頼りにされた佐賀藩——大砲を大量受注——

さて、トップを切って反射炉を完成させた佐賀藩だったが、残念ながら反射炉は現在、残っておらず、佐賀市内の小学校の校庭の一角に「築地反射炉跡」の記念碑と反射炉の模型が立っているだけだ。佐賀の後に続いた鹿児島と萩、それに韮山の反射炉跡は世界遺産に登録されたが、「築地反射炉が残っていれば世界遺産になったのに……」と地元の人は悔しがる。しかしこの反射炉建設が、同じ佐賀の「三重津海軍所跡」につながっていった。

三重津海軍所跡の話に進む前に、築地反射炉で大砲製造に成功した年を確認してほしい。

一八五二年。ペリー来航の前年である。築地反射炉で製造した大砲は、ペリー来航までに長崎湾入り口の台場に据え付けられた。その長崎湾の台場は、いち早く外国艦隊の来航を予期していた佐賀藩がすでに自力で建設していたものだ。ペリーが浦賀沖に来航した際、幕閣の中には「ペリー艦隊を長崎に回航させて佐賀藩の台場と一戦交えさせよ」と主張した者もいたという。佐賀藩はそれほど幕府から頼りにされていたのだ。

一八五三（嘉永六）年に浦賀沖にやってきたペリーが翌年の再来航を予告して帰国すると、幕府はそれに備えて江戸湾に台場を建設し始めた。これが現在の東京湾にある「お台場」である。幕府はそこに据える大砲五〇門の製造を、なんと佐賀藩に発注したのだ。佐賀藩は大量発注に応じるため築地反射炉の近くの多布施《たふせ》という地区に新たな反射炉を建設した。そこで製造した大砲を船で江戸まで運び、順次、台場に設置していった。

なお、幕府の台場建設の責任者となったのは韮山の代官・江川太郎左衛門英龍で、江川は早くから反射炉の研究にも着手していた。佐賀藩は反射炉を建設するにあたって江川の協力を仰いでおり、それによって完成した佐賀藩の反射炉を参考にして江川自身も韮山に反射炉を建設している（詳細は第四章参照）。以後、佐賀藩は慶応年間まで一〇年余りの間に両反射炉で合計二七〇門の大砲を製造している（杉谷昭『鍋島直正』佐賀城本丸歴史館）。佐賀は日本で最も多くの大砲を製造した藩となった。性能も優れていたという。時代は後になるが戊辰戦争の際、上野・寛永寺に立てこもって抵抗する彰義隊や箱館・五稜郭の榎本武揚軍を相手に、佐賀藩の大砲が威力を発揮し、新政府軍の勝利に大きく貢献した。

理化学総合研究所「精煉方」で蒸気機関を研究開発

ところで反射炉で大砲を製造するにあたっては、反射炉で鋳造した砲身の内部をくり抜く工程が必要だが、それには蒸気機関の動力が不可欠だった。そこで直正は蒸気機関の開発を進めるため一八五二年に「精煉方《せいれんかた》」という技術開発の拠点を開設した。さらに大砲製造にとどまらず蒸気船や蒸気機関車の開発・製造も視野に入れていた。英国の産業革命は蒸気機関の発明がカギとなっただけに、直正の着眼点はきわめて的確だったわけだ。

この精煉方の責任者に抜擢されたのが佐野常民（一八二二〜一九〇二年）である。直正は早くから佐野の学才を見込んでいたようだ。佐野は一六歳のときに江戸に出て、いったん佐賀に戻った後、京都、大坂、そして再び江戸で蘭学の修業を深めていった。二度目の江戸遊学を終えた佐野は一八五一（嘉永四）年に佐賀に帰藩し、長崎で私塾を開いていた。そこに藩主・直正からお呼びがかかり、精煉方の責任者に就任したのだった。

三重津海軍所絵図。多数の藩所有艦船が係留されている　©公益財団法人鍋島報效会

精煉方絵図。円形のレールの上を蒸気機関車のひな型が走り、藩主・鍋島直正が視察している様子が描かれている　©公益財団法人鍋島報效会

佐野もまた直正の意向をくみ取って、江戸から佐賀に帰藩した際に「からくり儀右衛門《ぎえもん》」の名で有名だった技術職人の田中儀右衛門（久重《ひさしげ》）、化学者の中村奇輔《きすけ》などを連れ帰っていた。田中儀右衛門は明治になって、東芝の前身となる田中製造所を設立し、東芝のルーツとなる人物である。東芝は現在、不祥事などで苦しい状況にあるが、同社が日本の近代化を牽引したリーディングカンパニーであったことは否定されるものではない。

中村奇輔は一八五三（嘉永六）年のペリー来航直後にプチャーチン率いるロシア艦隊が長崎に来航した際、幕府の役人に同行してロシア艦に乗船し、船内で蒸気機関車の模型を見る機会を得ている。模型ではあるが、機関車が実際に煙突から煙をはいて走り回る光景は衝撃であっただろう。しかしそのわずか二年後には蒸気機関車のひな型の製作に成功した。当時の様子を描いた絵図には、精煉方の敷地内で円形の模型レールの上を蒸気機関車のひな型が走っている様子と、それを視察する直正の姿が残っている（前ページ参照）。

精煉方ではこのように蒸気機関の研究を中心に、鉄砲や火薬から化学薬品、さらにガラス、電信機などの開発・製造まで幅広く行った。いわば佐賀藩の理化学総合研究所で、近代化の一大拠点となるものだった。

ただ、こうした近代化事業には膨大な費用がかかった。試作品を作っては失敗の繰り返しが続き、藩の重臣たちは経費節減のため精煉方の廃止を主張し始めた。しかし、直正は「これは自分の道楽だから制限するな」と言って、あきらめずに粘り強く研究開発を進めさせたという。

「三重津海軍所」を開設、蒸気船の建造・修繕

さらに直正は藩独自で蒸気船を建造することを決断し藩の方針とした。一八五四（安政元）年のことだ。そのためにまず、幕府が翌年に開設する長崎海軍伝習所に藩士を送り込むことを決めた。同伝習所は、ペリー来航によって海軍創設の必要性を痛感した幕府が海軍士官養成の教育機関として作ったもので、優秀な幕臣を選抜して伝習生（学生）とすると同時に、各藩にも参加を呼びかけた。これに応じて佐賀藩は佐野をはじめ精煉方のメンバーを中心に四八人の藩士を派遣した。この人数は他藩はもとより幕臣の四〇人をも上回る最多で、直正の意欲が表れている。

海軍伝習所で彼らは操船技術、砲術、地理、測量術など海軍にかかわる幅広い知識と技術を習得していった。ちなみに同所には、幕府から勝海舟、榎本武揚、薩摩藩からは五代友厚など、後に歴史に名を残す人たちが集まっていた。

続いて一八五八（安政五）年、藩内でも洋式海軍の教育を進めるため「御船手稽古所《おふなてけいこじょ》」という施設を開設した。もともと藩の御用船の船着場があり、そこを転用して教練場や船舶の建造・修繕施設などを造った。これが「三重津海軍所」の前身で、その跡が世界遺産に登録されたものである。

三重津海軍所があったのは佐賀城下から南東に五キロ離れた三重津村（現・佐賀市川副町《かわそえ》）というところ。筑後川の支流・早津江川《はやつえ》の西岸の河川敷に、船を係留する「船屋地区」、藩士らへの実地訓練を行う「稽古場地区」、船の建造・修繕を行う「修覆場《しゅうふくば》地区」の三つの区域を作った。広さは、南北六〇〇メートル、面積約四ヘクタールに及んだ。

このうち船屋地区では、河川敷が入り江となっている部分とその周辺に、藩所有の蒸気軍艦などを係留した。藩の海軍の拠点である。入り江部分は現在も漁港として利用されている。

稽古場地区では、長崎海軍伝習所の卒業生である佐野らが教官となって、藩士に操船技術や射撃などの実地訓練や技術教育を行った。ここで稽古を受けた藩士らは三〇〇人にのぼったそうで、教練場が整備され、訓練生のための宿舎も建設された。

修覆場地区には、藩所有の洋式艦船の修理・メンテナンスを行うことをまず目的としてドックが造られた。ドックの周りには、船の部品の製造や補修をする金属加工設備も造られていた。

木と土で造ったドライドック
——日本古来の技術を活用し西洋技術を導入——

現在、修覆場の跡は保存のため地中に埋め戻されているが、発掘調査によって全貌が明らかになっている。地中からは工場跡の石組み遺構やルツボの炉の跡、それに数多くの金属製品、スラッグ（鉄や銅の残滓《ざんし》）などが見つかっており、かなり大規模な施設があったことがわかった。

中でも目玉はドックで、長さ六〇メートル、幅二一メートル、深さ三メートルの大きさだ。三重津海軍所は川の河口部から六キロも上流地点にあるが、有明海の干満によって六メートルの干満差が生じる。今でも、満潮時には川の流れが勢いよく遡《さかのぼ》っていくのがよく見えるほどだ。この干満差を利用して、満潮のときに船をドックに引き入れ、その後に潮が引くと船がドック内の地面に乗った状態となる。そこでドックと川の間をせき止めて、船の修理作業を行うというものだ。このようなドックをドライドックと呼ぶ。

上空から見た三重津海軍所跡。早津江川は手前から奥に向かって流れており、海軍所は写真の画面中央の橋の手前の右岸にあった　©佐賀市教育委員会

発掘された三重津海軍所ドライドックの遺構。ドックの側壁は4段の階段状で、木材を使っていたのが特徴　©佐賀市教育委員会

ドライドックは西洋でも、また明治以降の日本でも石や煉瓦で造られていたが、三重津ではドックの側壁に木材を使っていたのが特徴だ。丸太や板材を枠状に組み、四段の階段状にして土で固めていたことが、発掘調査によってわかっている。木と土で造られたドックは他に例がない。このことは、日本古来の土木技術を活用しながら西洋の技術を導入して新しいモノづくりに挑戦していたことを示しており、幕末期の近代化の足跡を示す遺跡として高い価値を有している。これが世界遺産登録の背景となっている。

佐賀藩はこのドックで蒸気船の建造にも着手し、一八六五（慶応元）年に日本で初めて実用化された蒸気船「凌風丸《りょうふう》」を完成させた。佐賀藩は幕末までに、この凌風丸をはじめ輸入した軍艦や帆走船を含めて述べ一三隻の艦船を保有している。

三重津海軍所では幕府のために蒸気機関も製作した。江戸湾の台場のために反射炉で大砲を製造したのと同じで、幕府が頼りにするほど、佐賀藩は当時の日本の近代化で最も先行していたのである。

VRスコープで遺跡をバーチャル体感

その拠点となった三重津海軍所だが、現在では漁港として利用されている入り江を除いてほとんどが遺跡保護のために埋め戻されており、地上は歴史公園となっている。したがって他の世界遺産と違って、そのままの姿で見ることはできない。

そのため隣接する佐野常民記念館ではVR（バーチャル・リアリティ）スコープを見学者に貸し出し、VRスコープをのぞきながら跡地の中を歩くと、場所ごとに各施設の再現映像を見ることができるサービスを実施している。また遺跡の埋まっている場所の上に、その遺跡の大きな写真パネルを展示するなどして、海軍所を体感できるように工夫している。

また同記念館の館内では、ドライドックの遺構の模型や写真、出土品などを展示している。佐野は前述のように三重津海軍所とはゆかりが深いが、もともと佐野の生家がすぐ近くにあることから、佐賀市が海軍所跡の隣接地に同記念館を開設したものだ。記念館の屋上からは海軍所跡の公園全体と雄大な早津江川の流れが望める。

このように、佐賀の近代化への挑戦は、反射炉から精煉方、そして三重津海軍所へと、三つの施設を拠点にして推し進められてきた。これを指揮した直正は、騒然とした幕末にあっても政治情勢に右往左往することなく、技術力向上に集中した。その結果、反射炉は薩摩や長州、さらに幕府の韮山反射炉の見本となり、それが明治以後の鉄鋼業へとつながっていく。また三重津海軍所での蒸気船建造・修繕は日本の造船業発展の出発点となった。まさに明治の産業革命の準備が佐賀で始まっていたのである。

大隈重信、佐野常民など多くの人材を育成

精煉方と三重津海軍所で責任者をつとめた佐野常民は一八六七（慶応三）年、パリ万博の藩代表として派遣された。同万博には幕府の他に薩摩藩が独自に出展して海外ＰＲに成功したことは第一章で述べたとおりだが、同万博には佐賀藩も出展した。藩単独で出展したのは、薩摩と佐賀の両藩だけである。

佐野はパリ万博から海外の情報や物品を佐賀に持ち帰ったが、その中で大きな影響を受けたのが赤十字社の存在だった。敵味方なく負傷兵を看護するという思想に感銘を受けた佐野は「これこそが近代国家の姿」と確信した。一八七七（明治一〇）年に西南戦争が起きる

1867年パリ万博の佐賀藩使節団。前列左から小出千之助、佐野常民、野中元右衛門。後列左から、藤山文一、深川長右衛門（『仏国行路記』所収）　©佐野常民記念館

と、赤十字の精神を実行に移すときと決断し、戦場となった熊本で博愛社を設立した。博愛社は一八八七（明治二〇）年に日本赤十字社に改称、佐野は初代社長に就任している。

一方、直正は人材教育と人材登用にも力を入れた。まず取り組んだのが、藩校・弘道館の拡充だ。弘道館の新しい課業（カリキュラム）を示し、二五歳までに課業を卒業できない者は家禄の一部を削減し藩の役職には就けないことにした。これは藩の役職が世襲であることの弊害をただす狙いがあったとみられ、逆に勉学の上達を見せた者には身分にかかわらず知行の加増や特別手当の支給を行うなど、実力主義を導入して勉学を奨励している。

慶応年間には佐賀藩独自の英語学校「致遠館《ちえんかん》」を開設した。この頃になるとオランダ語より英語の重要性が認識されるようになっていたことから、オランダ出身の米国人宣教師フルベッキを教師に招き、多くの藩士を学ばせた。後の総理大臣、大隈重信も致遠館の出身である。大隈はフルベッキから米国の独立宣言を聞き、衝撃を受けたという。

また直正は海外に多くの藩士を派遣している。一八六〇（万延元）年に幕府は勝海舟や福沢諭吉など遣米使節団を派遣したが、これに佐賀藩から七人を出した。続く幕府の遣欧使節団にも三人を参加させたほか、幕末から明治初期にかけて藩独自に留学生も送り出している。

新政府で「薩長土肥」の一角を担う

もう一つ、直正は忘れてはならない業績を残している。種痘を実施し天然痘根絶の基礎を築いたことである。一八四九（嘉永二）年、天然痘ワクチンをオランダ商館の医者を通じて入手し、当時四歳だった長男・直大《なおひろ》に接種させたのだ。種痘というものにまだ偏見や不安感も大きかった時代に、藩主が後継ぎである自分の息子に種痘を施すというのは、いかに正確な知識と確信を持っていたかを示すものであり、自らが先頭に立って改革を進めるという姿勢がここにも表れている。このワクチンが後に大坂の緒方洪庵などに分与されて各地に種痘所が開設されるようになり、日本での天然痘根絶に道を開いたのだった。

医学面での直正の業績を付け加えると、藩の医学寮で学び試験に合格した医師に免札《めんさつ》（免許）を与えて開業を許可するという画期的な制度を導入した。現在の医師免許制度の先駆けとなるものである。

鍋島直正は明治になってまだ間もない一八七一（明治四）年に五八歳で亡くなった。近代化の果実を本人が実感する前に亡くなってしまったが、彼が育てた人材は佐野をはじめ、大隈重信、副島種臣《そえじまたねおみ》、江藤新平《しんぺい》など、明治新政府の中核を担った。明治政府は「薩長土肥」と呼ばれたが、「肥」は肥前、つまり佐賀のことだ。

ただその後、副島や江藤は政府を離れ、佐賀に帰った江藤は不平士族に擁立されて佐賀の乱を起こし、処刑されてしまう。こうしたこともあって、佐賀の存在感は次第に薄れていくことになったが、佐賀が日本の近代化に果たした役割の大きさは改めて強調しておきたい。

そしてもう一つ強調しておきたいのが、財政再建を果たし経済力を強化し近代化の先頭を走った佐賀藩は、そのすべてを自力で成し遂げたという点だ。まさに地方活性化、「地方創生」の先駆けとも言える。

江戸時代の佐賀藩と言えば、武士としての心得を説いた『葉隠《はがくれ》』で知られ、その一節「武士道と云うは死ぬ事と見付けたり」の言葉に代表されるように、封建的な気風が強かった土地柄だ。そんな佐賀のサムライたちが古い殻を脱ぎ捨てて短期間のうちに近代化のトップランナーに躍り出たパワーは、現在の我々にも勇気を与えてくれる。

佐賀藩の動きと佐野常民らの生涯

西暦	和暦	主な出来事
1830	天保元	鍋島直正、藩主に。藩政改革に着手
1850	嘉永3	築地反射炉を建設開始
1852	嘉永5	同反射炉完成、大砲製造に成功。「精煉方」を設置
1853	嘉永6	ペリー来航。幕府から大砲を大量受注、多布施反射炉を建設
1855	安政2	佐野常民ら藩士48人を長崎海軍伝習所に派遣
1858	安政5	三重津海軍所を開設。佐野が監督に
1865	慶応元	日本初の実用蒸気船「凌風丸」完成
1867	慶応3	パリ万博に出展。佐野が派遣団代表に
1868	明治元	グラバーと共同で高島炭鉱の開発開始 戊辰戦争、佐賀藩が製造した大砲が活躍
1871	明治4	鍋島直正死去（58歳）
1874	明治7	江藤新平、佐賀の乱
1877	明治10	佐野、博愛社設立
1887	明治20	博愛社が日本赤十字社に改称。佐野が初代社長に
1892	明治25	佐野、農商務大臣に
1898	明治31	大隈重信、総理大臣に

対象となる世界遺産

三重津海軍所跡（佐賀県佐賀市）
佐賀藩が1858年開設。現存する日本最古のドックで、大半は地下遺構となっている。ここで藩士の海軍訓練や洋式蒸気船の修理・建造を行っていた。1871年頃まで使われていた

第四章
知られざる〝近代化の父〟江川英龍
――改革に命を捧げた伊豆の代官――

伝・江川英龍自画像　©公益財団法人江川文庫

世界遺産となった韮山反射炉

東海道新幹線三島駅で伊豆箱根鉄道に乗り換えて伊豆長岡駅で降り、静かな田園風景を見ながら二〇分余り歩くと、木立に囲まれた小高い丘のふもとに韮山反射炉が建っている。「明治日本の産業革命遺産」を構成する二三資産の一つだ。

韮山反射炉は、ペリー来航の翌年の一八五四(嘉永七)年に幕府が建設を開始した。一八五七(安政四)年に完成し、以後七年間稼働する。

わが国で現存する反射炉はこの韮山と鹿児島、萩の三つで、いずれも世界遺産に登録されたが、その中でも韮山の反射炉は実際に稼働して大砲を製造し、かつ当時の姿を完全な形で残す唯一の反射炉である。

韮山の反射炉は連結した二炉がワンセットになっていて、二基(合計四炉)がL字型に配置されているのが特徴だ。炉の上に立つ煙突は耐火煉瓦造りで、高さは一五・七メートルに達している。現在は耐震補強のため外壁に鉄骨をめぐらせているが、稼働していた一八五〇~六〇年代の姿が良好な状態で保存されている。

韮山反射炉をバックに立つ江川英龍像

反射炉本体の側面には、銑鉄を投入する鋳口（二つ並ぶ窓状の口のうちの左側）と燃料を投入する焚口（右側）がある

炉の側面には、原料となる銑鉄を投入する「鋳口《いぐち》」、石炭などの燃料を入れる「焚口《たきぐち》」、外から風を送り込む「焚所風入口《たきしょふうにゅうこう》」などがあり、その反対側には溶解した鉄を取り出す「出湯口《しゅっとうこう》」が設けられていた。これらは現在も外側から確認することができ、反射炉全体の構造がわかるようになっている。

四つの炉は同時に稼働させ、溶解した鉄を各炉の出湯口から一カ所に流し込むことができるように、L字型のくぼんだ側の先に鋳型を配置している。出湯口から流れ出てきた鉄をこの鋳型に流し込み、大砲に鋳造していた。鋳型は残っていないが、鋳型を置いた木組みの台（鋳台《いだい》）の遺構が地下に保存されている。

このほか反射炉の周辺には、川から引いた水を動力として大砲の砲身をくり抜く設備（錐台《すいだい》小屋、水車小屋など）、それを仕上げる細工小屋、さらに鍛冶《かじ》小屋、倉庫などが建ち並んでいた。それら関連設備を含めた敷地の広さは約三〇〇〇平方メートルに及び、大砲の一貫製造工場群となっていたのである。

これら関連設備は残念ながら現存していないが、現存する反射炉とともに、関連設備のあった敷地全体とその横を流れる川も含めて世界遺産に指定されている。東京から比較的近いこともあって、二〇一五年に世界遺産に登録されて以来、観光客が増えたという。大型の観光バスでやってくる団体客も多く、隣接地では駐車場の増設も行われている。

歴史の転換点で活躍してきた江川氏の〝DNA〟

それにしても幕府はなぜ伊豆に反射炉を建設したのだろうか。その答えは、伊豆の代官・江川太郎左衛門英龍（一八〇一～五五年）の存在である。あまり知られていないが、日本の近代化に大きな役割を果たした人物だ。ここで、江川英龍と江川氏について詳しく見てみよう。

江川氏は源氏の流れをくみ、もともと大和国（現・奈良県）に本拠を構えていたが、平安末期に伊豆に住み着き、韮山に屋敷を構えるようになった。ちょうど近くの蛭ヶ島《ひるがしま》に配流されてきた源頼朝が一一八〇年、平家の地元代官である山木判官兼隆《はんがんかねたか》の館を襲撃して平家打倒の旗揚げをした際、江川氏は頼朝と行動をともにしたという。平家を滅ぼして鎌倉幕府を開いた頼朝は、功績のあった江川氏に所領を与え、江川氏は伊豆の豪族として確固たる地位を築いていった。

ちなみに、蛭ヶ島の頼朝が住んでいたとされる場所には現在は石碑が建ち公園となっているが、山木判官の館跡まで歩いてみて三〇分もかからなかったのは意外だった。こんな至近距離での旗揚げが天下をひっくり返すことになったのだから、歴史とは面白いものである。当時の江川邸の所在地は特定されていないが、山木判官館跡から歩いて五～六分のところに、後の江戸時代の江川邸（旧韮山代官所跡）が現存している。

続いて時代は戦国末期。江川氏は小田原の北条氏に属していたが、豊臣秀吉による小田原攻めの際に北条氏を見限り、秀吉配下の徳川家康に臣従する。秀吉はこのときに北条氏を降伏させ天下統一を果たしたわけだが、家康は江川氏の功績を高く評価し旗本に加えた。小田原攻めの後に関東に入封となった家康は、新たに自分の領地となった伊豆の代官に江川氏を任命、その後も江川氏は徳川幕府のもとで代々世襲で代官をつとめるようになった。

代官とは幕府の直轄地である天領を治める役人で、今日で言えば県知事、県警本部長、地方裁判所所長を兼ねたような立場である。江川氏は伊豆だけでなく、相模《さがみ》、武蔵《むさし》、甲斐《かい》、駿河《するが》各国の一部まで含む天領の支配を任されていた。支配地域の石高は一〇万石に達し（時期によって多少の変動はあったが）、ちょっとした大名並みである。実際に受け取る俸禄《ほうろく》は多いときで五〇〇石程度だったが、その権限はきわめて大きかったのである。

幕府の代官は天領ごとに任命されるが、現代の役所や会社の人事異動のように一定期間ごとに入れ替わるケースが多かった。世襲代官というのは数少ない存在で、しかもその支配地域の広さなどから見ても、江川氏が重用されていたことがうかがえる。

伊豆の初代代官となった第二八代当主・江川英長《ひでなが》は家康の側室・お万の方の養父にもなっている。お万の方は家康が晩年に最も寵愛《ちょうあい》した側室で、一〇男・頼宣《よりのぶ》（紀伊徳川家の祖）と一一男・頼房《よりふさ》（水戸徳川家の祖）を産んだ人だ。伊豆の出身と言われており、江川氏の養女になったうえで家康の側室になったという。源氏の末裔《まつえい》を自称していた家康としては、同じ源氏の流れをくみ伊豆の有力豪族だった江川氏との関係を深めることにメリットを感じたのだろう。

こうして見ると、江川氏は歴史の大転換期に常に控えめながら重要な役割を果たしていたことがわかる。それは、幕末においても例外ではなかった。その主人公が第三六代当主の太郎左衛門英龍である。太郎左衛門は江川家の代々の当主が名乗った通称で、本稿では英龍で統一する。

江戸で文武両道を研鑽
――蘭学を学び海外への危機感強める――

英龍は若い頃から文武両道で研鑽を積んでいた。江戸随一の道場と言われていた「撃剣館《げきけんかん》」

江川邸（江川家住宅および韮山代官役所跡）。約400年前に建築されたと伝わっており、国の重要文化財に指定されている。韮山反射炉から循環バスで約10分

韮山塾として使用されていた江川邸の一室。内部は公開されており、当時の資料などが展示されている。

に入門し、早くも一九歳で神道無念流の免許皆伝を受けている。相当な腕前だったようで、「撃剣館の四天王」の一人に数えられたという。

この道場には、三河・田原藩家老で後に蛮社の獄で憤死する渡辺崋山、水戸藩主・徳川斉昭《なりあき》の側近・藤田東湖《とうこ》など、全国から精鋭が集まっていた。これらの人々との親交が若い英龍の思想形成に大きな影響を与えたことは間違いない。その人的ネットワークの広さは、代官として取り組んだ改革にも生きることになる。

少し余談になるが、撃剣館で師範代をつとめていた斎藤弥九郎とは生涯の盟友となり、斎藤が後に道場「練兵館」を開くときに英龍は資金援助もしている。英龍は代官に就任したとき、斎藤を家臣に召し抱え代官の補佐役にした。英龍が領内視察や江戸に出かけるとき、斎藤はほとんど行動をともにしている。少し後の時期になるが、斎藤の門弟となった桂小五郎が英龍と親しく交流したことは第二章でみたとおりだ。練兵館には桂のほか、高杉晋作、伊藤博文、井上馨ら数多くの長州藩士が入門していたことも興味深い。

当時すでに日本近海には外国船が頻繁に出没するようになっていた。若い頃から蘭学も学んでいた英龍は海外事情についての知識が豊富で、またそれゆえ危機感も強めていた。渡辺崋山をはじめ当時の蘭学者とも交流を深めていった。

今日、江川家に関する膨大な文書や資料が残されており、その数は七万点を超えるそうだが、その中にはオランダの書物や辞書、翻訳書が数多くあるという。英龍が精力的に蘭学の研究や海外情勢の情報収集を行っていたことがよくわかる。

「江川大明神」――天保の飢饉で領民を救う――

そんな中の一八三五（天保六）年、英龍は三五歳で代官に就任する。その頃、国内も世情騒然としていた。天保の大飢饉が全国を襲い、餓死者は一〇万人に達していたという。英龍の支配地に隣接していた甲斐国（現・山梨県）では大規模な百姓一揆（天保騒動）が起きたのをはじめ、全国各地に一揆や打ちこわしが広がり、一八三七（天保八）年には大坂で大塩平八郎の乱が勃発した。

英龍は騒乱が支配地に波及することを警戒して、甲斐の実情視察に出かけた。ただ正確な事態をつかむため、あくまでも身分を隠してのお忍びである。刀商人に身をやつし、ボディガード役もかねて前述の斎藤弥九郎を連れて行ったという。

このほか支配地各地も巡回して民情把握につとめ、いち早く領民の救済に動いた。困窮する農民に金銀や米穀類を与えるなど、前例にこだわらない迅速で手厚い対応策をとる一方、配下の役人や名主には綱紀粛正を徹底した。このため領民からは「世直し江川大明神」と慕われたという。

天保騒動が収まった後、幕府は甲斐の一部を英龍の支配地に加えた。大騒動後の情勢安定が最大の課題となっていたため、英龍の力量に期待してのものだったとみられる。

少し後のことになるが、日本で天然痘が流行した。英龍は日本に導入されたばかりの種痘を領内で実施しようとしたが、世間ではまだ種痘についての知識がなく偏見も多かったため拒否反応が強かったという。そこで英龍は自分の息子と娘に種痘を施した。佐賀藩主・鍋島直正のケースと同じである。英龍はその佐賀藩出身の蘭方医・伊東玄朴とも交流があった。蘭学の習得によって得た正確な知識をもとに、民生安定のために率先して実行するという英龍のゆるぎない姿勢がよくわかる。これによって領民も種痘を受けるようになり、英龍の支配地は天然痘の被害から免れたという。

英龍の息子の時代のことになるが、英国の初代総領事となったラザフォード・オールコックは外国人として初めて富士山に登頂した帰路、江川家の支配地である伊豆半島を横切って通過した際、「幸福で満ち足りた暮らし向きのよさそうな住民」を目にして「ヨーロッパには（中略）これほど温和で贈り物の豊富な風土はどこにもない」と絶賛し、江川家の治政を高く評価している（『大君の都（中）』山口光朔訳、岩波文庫）。ややほめすぎの感があるが、おそらく他の地域と比べて一目でわかるほどの違いがあったのだろう。

「伊豆は江戸の喉元」――幕府に海防強化を建議――

こうして民生安定を図って足元を固めたのに続いて、英龍は一八三七(天保八)年、伊豆の海防策強化を訴えた建議書を幕府に提出した。今日の感覚ではピンと来ないかもしれないが、伊豆というところは幕府にとってきわめて重要な地域だった。英龍は建議書の中で「伊豆半島は南が太平洋に突き出し、三方向が海に面している。江戸へは海上半日で到達することができ、江戸の喉元の位置にある。にもかかわらず現状では、異国が不意に多くの軍艦で乗り付けても防御できない」と指摘し、伊豆への台場築造、異国に対抗できる軍艦の建造、大砲の改良、警備強化のための農兵組織化などを提言している。

この建議書を提出したのは、ペリー来航より一六年も前のことである。英龍の危機感の強さとすぐれた先見性を示している。やがて英龍が恐れていたことが現実となった。一八四九(嘉永二)年に英軍艦マリーナ号が突如として相模湾に現れ、江戸湾内で念入りな測量を行った後に下田に入港したのである。当初は下田奉行が退去を求めたが、これを無視して居座っていた。そこで英龍が下田に出向き交渉することになった。

平素は質素な身なりだった英龍だが、このときは日本橋の越後屋で買い求めたという最高級の錦の野袴と陣羽織、黄金づくりの太刀を帯びるといういでたちで、付き従う家来にもキラキラと輝くような袴と新調の羽織を着させたという。英軍艦に乗り込んだ英龍は「人民一五万人を支配する政府高官である」と伝えると、英国側は英龍一行を丁重に応対するようになり、英龍もまた威厳を保ちながらも紳士的に接した。

英龍は身長が高く、肖像画でもわかるとおり目が大きく堂々とした風貌で、声も張りがあったそうで、相手を圧倒し敬意を抱かせる雰囲気を持っていたのであろう。「日本では外国船の入港を認めていない」と伝えると納得して帰っていったという。

伊豆防衛の必要性と緊急性をますます確信した英龍は、これ以降さらに建議書の提出を増やしていった。英龍が代官在任中の二〇年足らずの間に提出した同趣旨の建議書は合計で三〇以上に及ぶ。ちなみに農兵の組織化など当時の常識では論外として幕府は認めなかったが、同じ考え方は長州の高杉晋作が奇兵隊を創設したことによって実現する。それが討幕の原動力となったことは歴史の皮肉と言えようか。

「韮山塾」で砲術を教授――佐久間象山ら続々入門――

英龍の度重なる建議にもかかわらず、幕府の動きは鈍かった。そこで英龍は自力で動き出す。当時、長崎の役人で砲術の第一人者だった高島秋帆のもとに入門して砲術を習得し、自ら砲術を広く伝授するため韮山に私塾、通称「韮山塾」を開いた。一八四二（天保一三）年のことだ。

門人の第一号は、信州松代藩士の佐久間象山《しょうざん》だった。当時の松代藩主は真田幸貫《ゆきつら》。寛政の改革を行った松平定信の息子であり、八代将軍・吉宗の曾孫に当たるが、信州真田家に養子に入って藩主になった人物だ。

幸貫は名君と言われ、開明的な政策をとって佐久間象山ら多くの人材を登用した。老中にも就任し、海防掛に任ぜられたことから、ブレーンとなっていた象山を韮山の英龍のもとに派遣したのだった。英龍はそれほどまでに評価される存在になっていたのである。佐久間象山が入門した翌日には、旗本の川路聖謨《としあきら》が入門している。川路は後に江戸町奉行、勘定奉行へと出世し、ペリーに続いて来航したロシアのプチャーチンとの交渉を担当し日露和親条約に調印した人物だ。

韮山塾には約二八〇人が入門した。佐久間や川路などのように〝大物〟の門人がすでに顔を揃えていたわけだが、同時に幕臣だけでなく各藩の藩士や足軽、さらには農民、町人にまで門戸を開いた。

英龍は代官屋敷兼自宅の一部屋を塾に充てていた。この建物は現在、韮山反射炉から約二キロ離れたところに「江川邸」として現存し、国の重要文化財に指定されている。内部は座敷に上がって見学することができ、「韮山塾」として使われていた部屋にも入れる。ここで、塾生たちは寝泊まりして勉学に励んでいたという。

英龍は砲術を教えながら、近代的な大砲を造る必要性を痛感していた。そこで、多数のオランダの軍事書を入手して部下や門下生に翻訳させ、大砲の試作と試射を繰り返して研究を進めた。江川家の文書・資料を保存管理している公益財団法人江川文庫には、英龍が作らせた多数の設計図や模型、メモ類が残されているそうだ。

反射炉と江戸湾台場の建設に着手

当時の日本の大砲は青銅製が主流だったが、鉄の大砲に比べ強度や射程で劣っていた。日本には古来から砂鉄を原料とする「たたら製鉄」があったが、これも西洋式の大砲を作るには品質面で難点があった。そのため英龍は、銑鉄を溶かして大砲を鋳造する反射炉に着目し研究を開始した。小型実験炉を作って鉄の溶解実験も行っている。

この時期で注目されるのは佐賀藩との緊密な関係である。第三章で述べたように、佐賀藩は日本で最も早く反射炉の建設と稼働に成功したが、実はこれには英龍が全面協力していた。佐賀藩主・鍋島直正は英龍に協力を要請し、藩の技術責任者である本島藤太夫を英龍のもとに入門させた。その本島が韮山で得た知識と技術を佐賀に持ち帰り、韮山からは佐賀に技術者を派遣したのだった。結果的には佐賀藩の反射炉のほうが早く完成したが、その陰で英龍が大きな役割を果たしていたのである。

そして一八五三（嘉永六）年、ついにペリーが来航する。前代未聞の事態に幕府も重い腰を上げ、反射炉建設と台場の築造に取りかかった。

ここから英龍の大車輪の活躍が始まる。英龍は現在の神奈川県横須賀沖から千葉県富津《ふっつ》沖を結ぶ線上に九基の大規模な台場を築き、江戸湾の防衛ラインとする案を提出した。幕府上層部はこの案では費用と時間がかかりすぎるとして、品川沖に一一基の台場を築く方針を決め、英龍を責任者に任命した。

英龍は、設計から模型製作、石材の調達、工事の入札、工事業者の人集めに至るまで取り仕切り、陣頭指揮に当たったのだった。英龍が桂小五郎を連れて江戸湾視察を行ったのはこの頃である。台場の建設は結果的には幕府の財政難もあって、一一基の計画のうち完成したのは五基にとどまった。現在、東京湾にあるお台場はそのうちの二基である。

この台場に配備する大砲を作るため、ペリー来航の翌年の一八五四（嘉永七）年には韮山反射炉の建設に着手した。当初計画では反射炉を伊豆・下田に建設する予定で、基礎工事も始まっていた。しかし同年に再び浦賀に来航したペリー艦隊が下田に回ってきたため、反射炉の軍事機密が漏れる恐れがあるとして、場所を急きょ内陸の韮山に変更しての建設開始だった。

佐賀藩が協力——日本の鉄鋼業発展の基礎に——

建設に当たって今度は佐賀藩が協力した。反射炉建設を手がけた佐賀藩士が約一年間にわたって韮山に滞在し、その技術を伝授した。反射炉の耐火煉瓦は天城山中で産出された粘土と韮山の地元の土を原料に使ったが、天城山には陶器窯があり、その技術が活用された。江川文庫の橋本敬之《たかゆき》氏によると、建設工事には大工、左官、石工、鍛冶、鋳物師、瓦師など職人約一万一二〇〇人と作業員約一万一〇〇〇人（いずれも延べ人数）が従事した。

工事は途中で試練にも見舞われた。建設開始から一年後、大雨によって煉瓦の接合部の粘土がはがれて崩落してしまったのだ。そのため、煉瓦部分を全部いったん取り壊して建て直すことを余儀なくされた。そのうえで煙突の周囲は左官職人延べ四七〇人が漆喰《しっくい》で塗り固め、さらに縄を梯子《はしご》状に巻いて、再度、漆喰で塗り固めて補強したという。

こうして反射炉はようやく一八五七（安政四）年に完成した。ここで作られた二八門の大砲が台場に配備された。

この韮山の成果が他藩の反射炉をはじめ、第七章で紹介する釜石の高炉建設にも引き継がれており、明治以降の鉄鋼業発展の基礎を作ったのである。

しかし英龍は反射炉の完成をその目で見ることはできなかった。工事が始まって間もなく病気で亡くなってしまったのである。これは、ペリー来航後の激務が影響した可能性がある。江戸での台場築造と伊豆・韮山での反射炉建設だけでも大変な激務だが、それに江戸城へは頻繁に登城しなければならず、さらに本来の代官業務や韮山塾での教授などもあり、文字どおり休む暇もない毎日だった。

「安政東海地震」で甚大な被害――代官として奔走――

これに天災が追い討ちをかけた。一八五四（嘉永七）年の旧暦一一月四日、遠州灘を震源とするマグニチュード八・四（推定）の「安政東海地震」が起きたのである（地震発生時の年号は嘉永だが、同じ年の一一月下旬に安政に改元されたため、通常こう呼ばれている）。被害は関東から近畿地方まで広範囲に及んだが、特に伊豆は震源地に近かったため深刻な被害を受けた。韮山では多くの家屋が倒壊し、甚大な人的被害が発生した。下田では高さ最大一六メートルの津波が襲ったという。英龍は支配地域内の被害状況の情報収集や応急対策の指示、被災者救援や災害復旧などに駆け回った。

このとき、外交上の問題も発生する。日露和親条約の締結交渉のため下田港に停泊していたプチャーチン率いるロシア艦船、ディアナ号が津波で損傷を受けたのだ。ロシアの求めに応じて、英龍は同艦を静かな入り江である戸田港で修理しようとしたが、戸田への回航途中に座礁して沈没し、ロシア人乗組員を村人らが救助する事態となった。

このため日本側が急きょ代わりの船を建造することになった。救出されたロシア人船員が持っていたディアナ船の設計図をもとに、日本側が船大工を集めて洋式の木造帆船を建造するという前代未聞のプロジェクトがスタートする。英龍はその一連の対応策や新造船の指揮に忙殺されることとなった。

勘定奉行への昇進を前に無念の死

しかし英龍はこの船の完成も見ることはできなかった。船の建造が始まって間もなくの一八五五年一月（安政元年一二月）、韮山にいた英龍は風邪をこじらせてダウンしてしまった。そこへ幕府から江戸城への登城命令が届いた。英龍は無理をおして江戸の屋敷に到着したものの、病状が悪化、登城できないまま、旧暦で年が明けた安政二年一月に帰らぬ人となった。享年五五。まさにペリー来航前後の激動期に、幕府に命を捧げた人生となった。

実は、幕府が英龍を江戸に召し出したのは、一説によると勘定奉行への昇格の内示のためだったという。勘定奉行は実質的には老中、若年寄に次ぐクラスで、旗本の役職としてはほぼ最高位だ。もし英龍が病に斃《たお》れることがなければ、幕末の歴史はもう少し違っていたのではないかと思えてくる。

英龍が亡くなる直前に江戸に着いたとき、すでに病状が悪化していたことは前述のとおりだが、親交のあった伊東玄朴をはじめ江戸を代表する蘭方医たちが治療にあたったが、ついに力尽きたのだった。英龍の病状を伝え聞いた多くの諸大名や旗本などが見舞いに駆け付け、あるいは見舞いの品や書状を送っている。英龍が幕府内で多くの信頼を集める重要人物になっていたことがわかる。英龍の死後、棺が江戸を発って韮山に向かったが、沿道には多くの領民が道端に座り、棺を拝んで涙を流したという。

結局、ロシアの帆船は英龍が亡くなって二カ月後に完成した。プチャーチンは日本の厚意に感謝して「ヘダ（＝戸田）号」と名づけ、無事帰国の途に就いた。

ヘダ号の建造もまた日本の造船技術の基礎を作ることになる。長州藩士の桂小五郎は戸田を視察して藩首脳部に造船所の建設を進言した。これがきっかけとなり、長州藩はヘダ号の建造に参加した伊豆の船大工の棟梁を萩に招いて洋式帆船の建造に乗り出したのだった。それが、世界遺産に登録された萩の恵美須ヶ鼻造船所である（第二章参照）。ヘダ号建造にあたった船大工の棟梁は七人衆と呼ばれたが、幕府は彼らに命じて同型船を六隻建造させた。その棟梁たちの中から、明治になって横須賀や横浜で造船に携わる者が出て、日本の造船業発展に貢献している。

英龍から英敏、英武へ——約四〇〇〇人の門人を育成——

英龍亡き後は、息子の英敏《ひでとし》が代官に就任し、すべての事業を引き継いだ。反射炉の建設は、安政東海地震や台風の影響でやり直しを余儀なくされるなど苦労を重ねたが、一八五七（安政四）年に完成させた。

また英敏は江戸・芝の八千数百坪の土地を下げ渡され、ここに新たに大小砲術の習練場を開設して、代官役所と韮山塾を事実上移転させた。同習練場には旗本など幕臣二〇〇〇人余りの他、北は蝦夷松前藩から南は薩摩藩まで一〇〇を超える藩から二〇〇〇人近くの藩士が入門し、門人数は延べ四〇〇〇人近くとなったという。

この習練場は、薩摩の黒田清隆（後の総理大臣）、西郷隆盛のいとこの大山巌《いわお》（同陸軍大臣）、長州の桂小五郎、井上馨（同外務大臣）、久坂玄瑞（松下村塾四天王の一人）、幕末の四名君の一人と言われた福井藩主・松平春嶽《しゅんがく》のブレーンだった橋本左内《さない》（安政の大獄で処刑）など、実に多彩な人材を輩出している。

江川親子は幕府の役人でありながら、その後に幕府から弾圧されたり、討幕の先頭に立ったりした人たちを育てたことになる。そうした点は皮肉だが、見方を変えれば、常に時代を先取りしていたことの証左でもある。英龍はもちろん幕府への反抗などといった発想はなく、むしろ幕府の役人として粉骨砕身尽くしたと言ってよいだろう。しかしだからこそ、幕府のためには何が必要か、どうあるべきかについて、幕府や藩という枠にとらわれることなく改革を考え実行していったのだった。それが結果的に近代化の種をまいたのであった。

父・英龍の後を継いだ英敏は七年後、二四歳の若さで亡くなってしまう。そのため英敏の弟・英武《ひでたけ》が一〇歳で江川家の家督と代官の職を継ぎ、父と兄が進めてきた業績を引き継いだ。芝の習練場にあった江川邸の建物の一部は、福沢諭吉に譲渡され、慶応義塾の校舎の一部として使われた。

福沢諭吉は若い頃から英龍を尊敬していたそうだ。福沢が一五〜一六歳の頃、英龍が寒中袷《あわせ》一枚着ているだけであると聞いたので、「毎晩掻巻《かいまき》（袖のついた着物状の寝具）一枚着《いちまいぎ》で敷蒲団も敷かず畳の上に寝ることを始め（中略）一冬通した」（『福翁自伝』富田正文校訂、岩波文庫）という。英龍にあこがれ、そのまねをしていたわけで、その英龍ゆかりの建物を譲り受けたのも憧れの故だったのだろう。こうして英龍の精神は明治に受け継がれていった。なお、英武は明治になると岩倉使節団の一員として渡米する。帰国後は教育者として活動、明治から大正を経て一九三三（昭和八）年に八一歳で亡くなった。

幅広い視野と先見性で近代化の種をまく

ところで英龍は生前、蒸気船の軍艦建造も計画していた。幕府がペリーから受け取った献上物の中に蒸気機関車の模型があり、英龍はそれを幕府から預かり研究を始めていたのだ。また、蒸気船建造に取り組んでいた薩摩藩士が英龍のもとに派遣されたとの文書も残されている。蒸気船建造に必要な人材としてジョン万次郎を一時、部下にしたこともある。これにはもう一つの狙いがあった。これからはオランダ語より英語が重要になると時代の先行きを読んで、万次郎の英語力を生かそうと考えたのである。万次郎は後に、芝の習練場で教えている。

英龍は、現代の日常生活で身近なものも、いくつか残している。その一つがパンだ。英龍は「パン祖」と呼ばれ「日本におけるパンの実質的な生みの親」と言われている。パンそのものは戦国末期に鉄砲とともに日本に渡来していたが、パンがキリスト教の儀式で使われることからキリスト教禁止とともにほとんど姿を消し、細々と長崎でオランダ人が食べていた程度だった。欧米列強による侵略への危機感を持っていた英龍は、もし外国との戦いが起きた場合に将兵が携帯できる食料としてパンの開発を試みたのである。

英龍は韮山の屋敷に炭焼窯式のパン焼き窯を作っている。またジョン万次郎からもパン製造法を学ぶなどして、パンの製造技術を習得、それを全国に広げた。それが明治になって文明開化とともに普及していったのだった。英龍が開発したパンは堅《かた》パンと呼ばれるもので、韮山反射炉の隣にある土産店では、当時のものを模したパンが売られている。

現在の学校の体育の授業や団体行動などで使う「気をつけ」「休め」「右向け右」などの号令も英龍が考案したものだ。砲術の訓練の際、当初はオランダ語の掛け声を使っていたが、それを日本語にアレンジし、さらに号令として表現を工夫したものだという。

このようにまさに広い視野と先見性、それに豊富な人的ネットワークによって、英龍は幕府の枠を超える業績を残した。そのことが日本の鉄鋼業や造船業の基礎を作り、多くの人材を育て、日本の近代化の種をまいたのだった。

江川英龍の生涯と江川家

西暦	和暦	江川家（英龍を中心）	主な出来事
1835	天保6	父・英毅死去。英龍、韮山代官に就任	この頃、天保の大飢饉
1837	天保8	伊豆の海防に関する建議を幕府に提出	大塩平八郎の乱
1840	天保11		アヘン戦争（～1842年）
1842	天保13	韮山塾を開設	
1850	嘉永3	佐賀藩の反射炉建設に協力（1852年完成）	
1853	嘉永6	江戸湾台場築造の幕府担当者に任命される	ペリー来航
1854	嘉永7	韮山反射炉の建設着手	ペリー再来航／安政東海地震
1855	安政2	英龍死去（享年55）。息子・英敏が代官を継ぐ。芝に砲術習錬場を開設（事実上の韮山塾移転）	
1857	安政4	韮山反射炉完成	
1860	万延元	英敏、咸臨丸で米国に渡航	桜田門外の変
1862	文久2	英敏死去（享年24）。弟・英武が代官を継ぐ	
1864	元治元	韮山反射炉閉鎖	

対象となる世界遺産

韮山反射炉（静岡県伊豆の国市）
幕府の命で江川英龍が1854年に建設開始。英龍の死後、息子の英敏が完成(1857年)。ここで作られた大砲は江戸湾・台場に配備された。1864年に幕府の方針により閉鎖された

第五章
陰のプロデューサー、トーマス・グラバー
――〝近代化特区〟となった長崎――

勲二等旭日重光章を授与されたトーマス・ブレーク・グラバー
（1908年撮影）　©ブライアン・バークガフニ

世界遺産となった旧グラバー住宅
――近代化を凝縮した眺望――

長崎市随一の観光地、グラバー園。長崎湾の東南岸側の南山手と呼ばれる丘の中腹、高低差のある約三万平方メートルの敷地の中に、旧グラバー住宅をはじめ、当時からの場所に現存する三棟の個人住宅、移築された六棟の洋風建築物、それらを囲む庭園などがある。園内からは、眼下の長崎市街地、湾内の入江に深く入り込んだ長崎港、そして湾の対岸の三菱重工業長崎造船所を一望することができ、その眺望は日本有数の美しさだ。と同時に、それは日本の近代化の道筋を凝縮した光景でもある。

江戸時代の鎖国下で唯一海外に窓を開けていた長崎は、幕末から明治初期にかけて全国の先頭を切って近代化が進み、〝経済特区〟のような存在となった。それを端的に示しているのが「明治日本の産業革命遺産」で、八県にまたがる二三構成資産のうち旧グラバー住宅をはじめ八資産が長崎市に集中している。

この八つすべてに直接・間接に関わったのが、英国人商人のトーマス・ブレーク・グラバ

グラバー園から長崎を一望できる。対岸には三菱重工業長崎造船所が見える

グラバー園内にある旧グラバー住宅には多くの観光客が訪れる

ー（一八三八〜一九一一年）である。彼は幕末に薩摩や長州を支援し、明治維新後は三菱の顧問となった。グラバー抜きに日本の近代化は語れない。彼の住んだ住宅が世界遺産に登録されたことが、それを象徴している。

旧グラバー住宅が完成したのは一八六三（文久三）年で、日本に現存する最古の木造洋風建築である。建物は多角形の平屋、端部が半円形になった独特の寄棟造りで、周囲に石畳の広いベランダを配置したバンガロー風様式の建築となっている。

建設当初はL字型だったそうだが、たびたび増改築が行われ、現在は複雑な構造をしている。建築面積は付属建屋も含めて約六四〇平方メートルと広く、リビングルーム、ダイニングルームや寝室、厨房など数多くの部屋がある。主寝室には英国式の暖炉を備えるなど典型的な洋風の造りだが、その一方で、屋根を日本瓦で覆うなど和風の意匠も随所に取り入れ和洋折衷スタイルになっているのが特徴的だ。

グラバー住宅の建設にあたったのは、小山秀之進《こやまひでのしん》（後に秀《ひいで》と改名）という天草の大工の棟梁だった。小山はグラバー住宅のほか、同じグラバー園内に現存する旧オルト住宅や旧リンガー住宅（ウィリアム・オルト、フレデリック・リンガーともにグラバーと同時期の英国人商人）、さらにはグラバー園の隣接地に建つ大浦天主堂などの建築工事などを手がけている。これらがいずれも現存する貴重な文化財となっているのも、この人の優れた建設技術によるところが大きい。

と同時に、前述のように和洋折衷のデザインと構造が多く見られることに、当時の大工たちの苦労と創意工夫のあとがうかがえる。小山は旧オルト住宅の設計図を残しており、それによると寸法はフィートとインチでまず表記し、あとから日本式の寸法を筆で書き加えてあるという。このように当初は戸惑いもあったことと想像できるが、それらを受け入れながら後世に残る建築物を完成させたわけだ。

このことは、前章までに登場した反射炉建設や造船などの特徴とも共通している点で、当時の日本人が在来の技術をベースにして西洋の洋式や技術を導入し、試行錯誤しながら新しいものを作り上げていったことを示している。しかもそれらが西洋の知識に詳しい一部の武士や学者だけではなく、大工や職人といった階層の人たちの手によるものでもあったことには目を見張るものがある。

坂本龍馬、伊藤博文らをかくまった隠し部屋？

グラバーは一八六三年から約一三年間、ここを自宅兼ゲストハウスとして活動の本拠としていた。幕末期には薩摩や長州の討幕を支援し、志士たちもここを訪れたと言われている。薩長同盟を仲介した坂本龍馬、後に初代総理大臣となる若き日の伊藤博文、薩摩からやってきた五代友厚……、旧グラバー住宅を見学しながら、彼らもここに来ていたかと想像すると興奮を覚えてくる。

実は旧グラバー住宅の一角に、ひときわ興味をそそられる場所がある。母屋から奥まった廊下の一角を見上げると天井に四角い穴が開いている。その天井裏は「隠し部屋」になっていたというのだ。その部屋に上がるときだけ梯子をかけて、普段は取り外していたらしい。窓はない。一説によると、幕府ににらまれていた坂本龍馬たちがしばらくの間ここに潜んでいたという。

ただ「隠し部屋」説の根拠はやや乏しいようだ。グラバー園名誉園長のブライアン・バークガフニ氏（長崎総合科学大学教授）によると、この部屋の床板の裏に「倉場」と書かれた文字が見つかっているという。倉場とはグラバーの息子・富三郎の姓で、倉場と名乗ったのは明治二七年以降だという。つまり「この部屋は幕末にはまだなかった」と同教授は指摘する。

その真偽は不明だが、旧グラバー住宅が現存する日本最古の木造洋風建築として価値が高いことには変わりはない。それに加えて、その住人だったグラバーが日本の近代化に果たした役割を評価して、「明治日本の産業革命遺産」の構成資産の一つとして世界遺産に登録された。

建物の内部はすべて公開され、じっくり見学することができる。各部屋にはグラバーが実際に使用していた家具などの調度品やゆかりの品が展示されている。

近代化への熱気に包まれていた長崎

ここで、グラバーという人物について詳しく見てみよう。グラバーは一八三八年（日本では天保九年）に英国スコットランドの都市、アバディーンから北へ約六〇キロ離れた小さな漁村で生まれ、一二歳の頃に家族とともにアバディーンに移り住んだ。アバディーンは古くから漁業や造船業が盛んで、港町として栄えた。現在はスコットランド第三の都市で北海油田の採掘拠点となっているが、その一方で石造りの古い建物や石畳の道が今でも数多く残っており、歴史を感じさせる街並みが美しい町だ。

そんな町で育ったグラバーは、父親が沿岸警備隊の司令官だった影響もあって海を身近に感じ、海の彼方の東洋に関心を持つようになっていったようだ。一八五九（安政六）年に

現存するグラバーの実家。薩摩藩留学生の最年少だった長沢鼎はこの家に寄宿し地元の中学校に通った（英国スコットランド・アバディーン市）

上海に渡り、次いで開港したばかりの長崎にやってきた。まだ満二一歳の若さだった。

来日当初は、英国の貿易商社、ジャーディン・マセソン商会の代理人として茶や生糸の輸出などを手がけていたが、一八六一（文久元）年に独立し、グラバー商会を設立した。以後、英国から蒸気船や武器、産業機械などを輸入し、薩摩や長州など有力各藩、さらには幕府にも販売して事業を拡大していく。

その頃の長崎は近代化へのスタートを切り、急速に変貌《へんぼう》を遂げつつあった。もともと鎖国時代から唯一オランダとの交易の窓口となっていたため、近代化への基盤は整っていた。

そこへ一八五三（嘉永六）年にペリーが来航する。

幕府は一八五八（安政五）年、米国、オランダ、ロシア、英国、フランスの五カ国とそれぞれ修好通商条約を締結し、神奈川（後の横浜）、箱館（後の函館）などとともに長崎を開港した。これをうけて長崎には外国の商人や技師、宣教師などが続々とやってきて、幕府は外国人居留地を新たに造成した。まず出島の東側から南に延びる海岸部の大浦地区が埋め立て開発され、さらに後背地の南山手と呼ばれる丘陵地まで拡張された。グラバーが邸宅を建設したのはその一角だった。

外国人居留地の広さは約三四万平方メートルに及び、外国の領事館や外国人の住居、オフィスをはじめホテル、銀行、酒場、食料品店、学校などが次々に建設されていった。道路、橋などのインフラ整備も進んだ。当時の長崎ではこれら建設工事の槌音が鳴り響き、まさに新しい時代に向けて近代化への熱気に包まれていたのである。

長州・薩摩藩士の英国〝密航〟を手助け

ちょうどその頃、薩摩や長州など有力各藩はそれぞれ独自の軍事力強化のため武器や蒸気船の購入を図っていた。グラバーはその仲立ちをする形で大いに利益を上げていく。日本語の上達も早かったようで、流暢な日本語で各藩の藩士たちとのコミュニケーションを深めていき、グラバー商会は短期間に急速な成長を遂げていった。

グラバーは貿易だけではなく、欧州の先進技術や文化を日本に紹介することにも力を入れた。一八六五(慶応元)年には日本で初めて蒸気機関車を陸上で走らせ一般公開している。これはグラバーが上海の展示会で「アイアン・デューク(鉄の公爵)」と名づけられた蒸気機関車を購入してきたもので、外国人居留地の大浦海岸通りに数百メートルの線路を臨時に敷設し、機関車と二台の車両を連結して走らせる公開運転を行った。

沿道には多くの現物人が詰めかけ、煙と蒸気をもくもくと吐いて自力で疾走する機関車を見て驚いていたという。グラバーはアイアン・デュークを大阪にも運び、同様の公開運転を行っている。

新橋—横浜で日本初の鉄道の建設が始まったのは、それからわずか五年後の一八七〇(明治三)年である(開業はその二年後)。これにグラバーは直接関わっていないが、彼の公開運転が日本の鉄道開業の文字どおりレールを敷いたと言える。

ところで、グラバーは「武器商人」と言われることがある。彼のビジネスは武器の取引が多く、またグラバーの提供した最新鋭の大量の武器が薩長討幕軍の勝利に貢献したことは事実である。しかしグラバーは、新しい日本を作るために奔走する若い志士たちを親身になって支援し、そのために命をかけるリスクも冒していた。それは単なる商売の域を超えたものだったと言ってよい。

それを物語っているのが、いわゆる長州ファイブと薩摩スチューデントの英国渡航を手助けしたことだ。一八六三（文久三）年、長州藩の伊藤博文ら五人の藩士がひそかに英国に渡航した際、グラバーはジャーディン・マセソン商会の横浜支店と協力して、伊藤らが横浜で上海行きの商船に乗り込む手はずを整えた。伊藤らは上海で船を乗り換えロンドンに無事到着したが、マセソン商会はロンドンまでの船旅とロンドン滞在先の紹介に至るまで面倒を見ている。

それから二年後の一八六五（元治二）年、今度は薩摩藩士一九人が英国に渡航する。その中心となったのは五代友厚で、五代は英国への藩士派遣の上申書をグラバー邸で書いたという。さらにグラバーは五代から依頼を受けてグラバー商会所有の船を用意し、一九人はその船で鹿児島を出発した。この船旅に、グラバーは自社の社員、ライル・ホームを同行させてもいる。ロンドンに着いた薩摩留学生の多くはロンドン大学で化学などを学ぶが、ホームは彼らの生活の世話も続けた。

留学生のうち最年少の満一三歳だった長沢鼎《かなえ》は年齢制限により大学に入れないため、アバディーンのグラバーの実家に寄宿して地元の中学校に通うことになった。ロンドンから七〇〇キロも離れたアバディーンまで、当時は開通して間もない鉄道で丸一日近くかかったと思われるが、異国でのそんな長旅をする一三歳の少年に、グラバーの兄が付き添った。

そこまでしてグラバーは留学生を援助したのである（ちなみに、このグラバーの実家は二階建ての石造りで、現存している。１５２ページ参照）。

成績優秀だった留学生、「英文法などで一位」

当時、日本人の海外渡航はまだ幕府によって禁じられていたので、これらは密航である。もし幕府にバレたら、手助けしたグラバーも無事では済まない。よくて国外追放、最悪なら処刑もあり得る。そんな危険を冒してまで協力したのは、すでに彼らと同志のような気持ちになっていたからではないだろうか。

そんなグラバーの期待に、留学生たちもよくこたえて勉学に励んだ。例えば前述の長沢鼎はアバディーンの中学でトップクラスの成績を修め、当時の地元新聞にも掲載された。筆者はアバディーンの図書館でマイクロフィルムの形で保存されている新聞の記事を見つけて驚いた。長沢が英国に渡った翌年の記事に、ラテン語、英文法、地理などの科目で「一位」のところに、Kanae Nagasawa の名前があるのだ。しかも、これは成績順にクラス分けされた「ファースト・クラス」で、留学してわずか一年である。ほかの科目でもほとんどが五位以内に入っており、信じられないほどの優秀さだ（『The Aberdeen Free Press』1866.6.22）。

長州ファイブも薩摩スチューデントも留学生の多くは明治になって政治家や外交官、学者、実業家などになり、近代化の先頭に立ったことはすでに紹介したとおり。まさにグラバーの援助が実を結んだと言ってよい。

さて、薩摩と長州の留学生がロンドンで西洋学問を学んでいた頃、日本では反目しあっていた両藩は坂本龍馬の仲介で接近し始める。当時、長州は幕府によって武器の購入を禁止されていたため、龍馬は薩摩藩名義で最新鋭の数千挺の銃をグラバー商会から購入して長州にひそかに渡し、その見返りとして長州は米を薩摩に融通することにしたのだ。龍馬の狙いは、両藩が実利面で協力することによって薩長同盟への地ならしを進めることだった。それを陰で支えたのがグラバーだったのである。その結果、一八六六（慶応二）年に薩長同盟は成立した。

五代友厚と深い親交、小菅修船場を共同で建設

明治維新前後の激動の中で、グラバーが特に親交を深めたのが五代友厚だった。グラバーは来日してすぐに五代と親しくなったようだ。五代は薩摩藩主・島津斉彬の命で長崎海軍伝習所の伝習生として派遣され、斉彬の死後も藩の貿易掛として長崎に駐在していた。その頃にグラバーが来日し、五代はグラバーに英国の蒸気船購入を依頼するなどして交流を深めていったのだった。

実は、この時期にグラバーと五代は一緒に上海に密かに出かけて、薩摩藩の蒸気船を購入している。五代が薩摩スチューデントのリーダー格として英国に渡る前のことで、これも密航である。二人で一緒に国禁を犯したわけで、すでにその頃から絆は深まっていた。次いで、五代らの英国渡航をグラバーが手助けしたことも前述のとおりである。五代が英国から帰国した後、グラバーと五代の関係は一段と深まっていった。その一つの例が小菅修船場の建設だ。

その頃、薩摩藩をはじめ有力各藩は外国製の蒸気船を次々と購入したが、中古船が多く

グラバーが五代友厚らと共同出資で建設した小菅修船場跡。奥の小屋は日本最古の煉瓦造り建築で、内部には当時使われた曳き揚げ機が保存されている

故障が頻繁に起こっていた。しかし本格的に修理できる施設がまだ日本になかったため、グラバーと五代は長崎に本格的な船修理施設を造る計画に乗り出した。長崎は多くの船が出入りするため修理の需要が多く、また長崎湾は奥深くまで入江が入り込む地形なので、ドックを造るのに適していた。

グラバーと五代は薩摩藩家老の小松帯刀《たてわき》の協力も得て、三者の共同出資で建設に着手、一八六九年一月（明治元年一二月）に完成させた。これが日本初の洋式ドック「小菅修船場」で、その跡が世界遺産に登録されたのである。

同修船場は、ドック内から海中の浅瀬まで敷設したレール上の船架(船を載せる台)

に船を載せて、曳き揚げ装置で船をドック内に曳き揚げるという構造になっている。これによって船底部も修理でき、修理終了後は船架で海まで滑り下ろす。この船架がソロバン状に見えたため、地元では「ソロバン・ドック」と呼ばれて親しまれた。

曳き揚げ装置は蒸気機関を動力としており、これも日本初。この曳き揚げ装置と、船架、レール、ボイラーなど一式は、グラバーが故郷アバディーンのメーカーから購入したものだ。一方、曳き揚げ装置を格納する小屋は煉瓦造りで、これも現存する最古の煉瓦造り建築物である。

完成した小菅修船場はグラバーが経営していたが、一八六九年一二月（明治二年一一月）に明治政府が買い上げて官営となった後、一八八七（明治二〇）年に三菱に払い下げられ、三菱長崎造船所の一事業所となった。ドックは一九五三（昭和二八）年に閉鎖されるまで稼働していた。現在、曳き揚げ小屋の内部は非公開だが、修船場跡は常時公開されており、無料で見学できる。

五代と二人三脚で大阪に造幣局を創設

明治になってグラバーは五代と二人三脚で、大阪で造幣寮（後の造幣局）の創設にも携わった。五代は新政府の大阪府判事（現在の大阪府知事などに相当）に就任し、大阪に造幣寮を創設することに尽力したのだが、このときグラバーは香港に出張し、英国領となっていた香港の造幣局で使用していた貨幣製造機を購入し、大阪の造幣寮に納入した。操業を開始したのは一八七一（明治四）年。この機械は現在、造幣局の前庭に展示されている。

グラバーはまた、アイルランド人の建築家、トーマス・ウォートルスを新政府に紹介、ウォートルスが造幣寮の設計・建築監督を担当した。彼の手による正門や鋳造所玄関などは現存している。

こうしてみるとグラバーは造幣寮に「協力」というレベルを超えて、共同創設者ないし総合アドバイザー的な役割を果たしたと言え、日本の貨幣制度の確立に貢献したのであった。

実は造幣局はグラバーと五代だけでなく、グラバーが支援した長州ファイブとも関わりが深い。創設時の造幣寮のトップには長州の井上馨が就任して陣頭指揮を執り、伊藤博文も一時トップ職務代行をつとめるとともに金本位制の採用を建議している。また同じ長州ファイブの遠藤謹助も造幣寮創設時から幹部として勤務し、後に造幣局長になった。

「蝶々夫人」モデル説は間違い

グラバーと五代の緊密な関係は私生活にも及んでいたことにも触れておきたい。明治維新の直前、ちょうど小菅修船場の建設を進めていた頃のこと、五代は資金調達などのため大阪をたびたび訪れ、ある和船業者と親しくなった。五代は共同事業者としてグラバーを紹介し、それが縁でグラバーはその和船業者の娘、ツルと結婚したのだった。そして二人は長崎のグラバー邸で新婚生活をスタートさせた。

余談になるが、ツルはオペラの名作『蝶々夫人』のモデルと言われることがある。このオペラで、蝶々さんは米国海軍士官のピンカートンと恋におちて結婚するが、夫は蝶々さんを残して米国に帰国してしまった。ところがピンカートンは米国で結婚、三年後に妻を伴って来日する。絶望した蝶々さんは自殺するという悲劇だ。蝶々さんが夫の帰りを待ちわびながら歌う「ある晴れた日に」はあまりにも有名だが、二人が新婚生活を送ったのが長崎港を見下ろす洋館という舞台設定も相まって、蝶々夫人＝グラバーの妻ツルを連想させることになった。

しかしグラバーはツルを置いて一人で帰国していないし、ツルは自殺などしていない。二人の間には子どもも生まれている。グラバーが長崎から東京に居を移した際もツルと一緒で、ツルが一八九九（明治三二）年に病気で亡くなるまで、グラバーは東京でツルと共に暮らしていた。二人は今、長崎市内の国際墓地に並んで眠っている。

こうして明治維新を支援したグラバーだが、皮肉にもその明治維新がグラバー商会の経営危機を招くことになった。グラバーは討幕派と幕府側との戦いが長期化すると見込んであらかじめ高額の船や武器を大量に買い付け、それを討幕派の大名に掛け売りしていたのだが、短期間で討幕が成功したことによって大量の武器が売れ残り、売掛金の回収が不能となってしまったのである。グラバーは資金繰りに奔走するが、ついに一八七〇（明治三）年、グラバー商会は倒産した。

外国人がこのような事態に陥れば、普通なら日本から撤退するところだろう。だがすっかり日本に根を下ろし、長崎、いや新生日本でも欠かせない存在となっていたグラバーに「日本撤退」の選択肢はなかった。周囲の人たちの支援を得て、倒産したグラバー商会の残務整理をしながら新しい道を探ることになる。

西洋式機械で高島炭鉱を開発、日本初の近代的炭鉱に

その頃、グラバーは高島炭鉱(※)の実質的な経営者でもあった。長崎の沖合の小さな島・高島にある高島炭鉱は一六〇〇年代に石炭が発見されたと伝わる古い炭鉱だが、一八六〇年頃までは手作業で地表から掘り進めていく原始的な方法で採炭されていた。しかし蒸気船の燃料として石炭の需要が高まってきたことに着目したグラバーは一八六八(慶応四)年、高島を領地としていた佐賀藩と共同で西洋式機械導入による近代的な炭鉱開発を進める契約を結んだ。

グラバーは故郷アバディーンに一時帰国し最新式の採炭機械を購入、英国人技師も招いて開坑作業に着手した。竪坑を地下四三メートルまで深く掘り進めて、翌年、炭層に到達することに成功する。竪坑口外側の地上には蒸気機関を設置して、巻き揚げ機で石炭を地下から地上に運搬、蒸気ポンプも備え付けて坑内の排水を行った。ここに、蒸気機関による日本初の近代的炭鉱が操業を開始したのである。

この最初の坑口は北渓井坑《ほっけいせいこう》と命名された。その跡が地上に露出して現存しており、これも

高島炭鉱の最初の竪坑、
北渓井坑の跡（長崎市高島町）

高島のグラバー別邸跡。北渓井坑
跡から徒歩数分の海岸にある

「高島炭坑（※）」として世界遺産に登録されている。北渓井坑を第一号として島内各地に竪坑が掘られた。やがて高島炭鉱は日本有数の炭鉱に発展し、一九八六（昭和六一）年まで操業が続いた。最盛期の一九六五（昭和四〇）年頃には年間出炭量約一二七万トン、人口は約一万人を超え、高層アパートが立ち並んでいたという。現在は人口四〇〇人余りの静かな島だが、かつては日本のエネルギーを支える存在だった。グラバーはその日本の石炭産業の生みの親でもあるのだ。

　高島にはグラバー別邸の跡が残っている。北渓井坑跡から歩いて五～六分の、今は陸続きになっているが当時は小さな島だった丘の上に橋を架け、洋風の屋敷を建てたという。グラバーはこの別邸と長崎のグラバー邸の間に海底ケーブルを敷設して電話線を引いた。これが日本初の私設電話とされている。現在は基礎石や井戸の跡などが残るだけだが、後の所有者となった三菱の迎賓館や地元の集会所などとして一九四八（昭和二三）年まで使用されていた。

※「高島炭鉱」と「高島炭坑」について
高島炭鉱：石炭を産出するヤマ（炭鉱）全体を指す。炭鉱の名前。
高島炭坑：炭鉱の中の坑口や坑道を指す。「明治日本の産業革命遺産」で構成資産となっているのは、高島炭鉱の中の「北渓井坑の跡」で、これを「高島炭坑」と表記している。

三菱の顧問に就任、長崎の世界遺産すべてに関わる

しかし前述のようにグラバー商会が倒産し資金難に陥ったことなどから、グラバーは高島炭鉱の経営権を手放さざるを得なくなる。その後、曲折を経て一八八一（明治一四）年、三菱の創業者・岩崎弥太郎が高島炭鉱を買収し、これを機会にグラバーは三菱の一員となった。グラバーの後半生は三菱と歩むことになる。まず高島炭鉱の所長に、次いで一八八五（明

グラバーと三菱の幹部社員（グラバー邸で、1893年頃撮影）　©三菱重工業長崎造船所

治一八）年には三菱の顧問に就任した。

その頃のものと思われる「グラバー雇入届」という記録が残っている（公益財団法人三菱経済研究所三菱史料館）。それによると、「月給六五〇円、雇入期限は無期限」となっている。当時の三菱の社員で最高職だった荘田平五郎《しょうだへいごろう》の月給が六〇〇円だったそうで、それより一割近くも上回っていたことになる。荘田は福沢諭吉の直弟子で、慶応義塾で教鞭をとっていたところを岩崎弥太郎が招聘し、三菱の大番頭と呼ばれた人物だ。グラバーがいかに厚遇で迎えられたかがわかる。

こうしてグラバーが顧問となった三菱は、一八八七（明治二〇）年に官営長崎造船所を買収し、同造船所から後に四つの世界遺産施設（旧木型場《きがたば》、第三船渠《せんきょ》、ジャイアント・カンチレバークレーン、占勝閣《せんしょうかく》）が生まれた。

三菱はまた一八九〇（明治二三）年には端島《はしま》炭鉱（軍艦島）を買収し、これも「明治日本の産業革命遺産」の一つ「端島炭坑」として世界遺産となっている。つまりこれら五つの世界遺産にグラバーが間接的に関わったわけだ。

すでに登場した旧グラバー住宅、小菅修船場跡、高島炭坑の三つはグラバーが直接の当事者であり、長崎にある八つの世界遺産の構成資産すべてにグラバーが関わっていたことになる。

グラバーはこのほかにも、三菱の幅広い分野でアドバイスを行うなどして三菱財閥の発展に貢献した。高島炭鉱で産出された石炭の海外向け販路を開拓し、三菱の貿易事業の基礎を作った。これが後の三菱商事として発展することになる。

麒麟麦酒を設立、伊藤博文とも親交

グラバーはビール事業にも進出した。一八八八（明治二一）年に横浜にあった小規模なビール会社を買収して「ジャパン・ブルワリー・カンパニー」を設立、当時の三菱の岩崎弥之助社長の出資も得た。同社はビールの新製品を発売、そのラベルには伝説上の動物である麒麟《きりん》が描かれていた。麒麟は半馬半龍の生き物で幸運の象徴とされている。これが後にビールの名前に、そして会社名となる。グラバーは同社の役員や社長にも就任した後、一九〇七（明治四〇）年には正式に三菱の傘下に入り、社名を麒麟麦酒《びーる》とした。

なおこのラベルの麒麟は口ひげがあるデザインになっているが、これはグラバーのトレードマークだった太い口ひげに由来すると言われている。たしかにグラバーの写真を見ると、どこか似ているような気がする。なお、旧グラバー住宅の一角に狛犬の石像が置かれているが、その愛嬌のある姿がラベルのモデルになったという説もある。

ビールも、グラバーが支援した薩摩スチューデントの一人、村橋久成が札幌で日本初のビール醸造に成功して先鞭をつけたものだ（後のサッポロビール。57ページ参照）。日本のビール産業の発展という点ではグラバーが村橋の志を引き継いだと言えると同時に、後のキリンビールとサッポロビールというライバル関係の始まりを作ったと言える。

一方、グラバーは長州ファイブの英国渡航以来の間柄である伊藤博文たちとも親交が続き、政府首脳から外交問題などについてアドバイスを求められることも多かった。一九〇八（明治四一）年には明治政府から勲二等旭日重光章を授与されている。外国人では初めてのことであった。

晩年は東京に移り住み、一九一一（明治四四）年に満七三歳で亡くなった。まさに日本の近代化に力を尽くした生涯であった。

最後に、グラバーのフリーメイソン説について触れておきたい。「明治維新はフリーメイソンの陰謀。グラバーはその先兵だった」という説が話題になることがある。その根拠の一つとしてよく挙げられるのが、グラバー園内にフリーメイソンのマークを刻んだ石の門柱が建っていることだ。

この門柱は旧グラバー住宅の隣、旧リンガー住宅の入り口にある。しかしこれはもともと長崎市内のフリーメイソンの集会所にあった門柱で、フリーメイソン長崎支部が活動を休止した後に長崎市に寄贈され、戦後になって長崎市が観光目的のため現在地に移設したものだ。したがって少なくともこれがグラバーのフリーメイソン説の根拠にはならない。

フリーメイソンそのものについてもさまざまな説やうわさがあるが、中には誤解や偏見に基づくものも少なくない。

それらの真偽にかかわらず、グラバーが日本の近代化に果たした役割が大きかったことは疑う余地がない。長崎にある世界遺産の八つの資産がそのことを証明している。

グラバーの生涯

西暦	和暦	グラバーの生涯
1838	天保9	英国スコットランドで生まれる
1859	安政6	来日、長崎に上陸
1861	文久元	グラバー商会設立
1863	文久3	グラバー邸完成／長州ファイブの英国渡航を手助け
1865	元治2	薩摩藩留学生の英国渡航を手助け／長崎で蒸気機関車を走らせる（日本初）
1866	慶応2	薩長同盟（陰で同盟成立に貢献）
1868	慶応4	佐賀藩と共同で高島炭鉱開発（翌年に稼働開始）
1869	明治元	五代友厚らと共同で小菅修船場を建設
1870	明治3	グラバー商会倒産
1881	明治14	高島炭鉱を三菱が買収。グラバーは同炭鉱所長に
1885	明治18	三菱の常任顧問に
1888	明治21	ジャパン・ブルワリー・カンパニーを設立（後のキリンビール）
1908	明治41	勲二等旭日重光章を受章
1911	明治44	死去（満73歳）

対象となる世界遺産

旧グラバー住宅（長崎市）
1863年完成、日本に現存する最古の洋風建築物。現在はグラバー園の一部
小菅修船場跡（長崎市）
グラバーと五代友厚が共同で1869年に建設。日本初の洋式ドック
高島炭坑（長崎市）
グラバーが佐賀藩と共同で開発、1869年に稼働開始。日本初の近代的炭鉱
端島炭坑（軍艦島／長崎市）
1890年に三菱が所有。詳細は第八章
三菱長崎造船所　第三船渠（長崎市） 三菱長崎造船所　ジャイアント・カンチレバークレーン（長崎市） 三菱長崎造船所　旧木型場（長崎市） 三菱長崎造船所　占勝閣（長崎市）
以上、4施設の詳細は第六章

第六章

長崎から世界へ——造船大国ニッポンの船出——

三菱財閥の創始者・岩崎弥太郎
©三菱史料館

幕府の長崎鎔鉄所から三菱長崎造船所へ

近代化の先駆的都市となった長崎では近代的造船業が発展し、明治の産業革命を経て日本の基幹産業となった。その中核が三菱長崎造船所だ。その敷地内には世界遺産に登録された四つの施設があり、その一部は一〇〇年以上経った現在でも稼働中だ。三菱長崎造船所はまさに、日本の造船業とモノづくりの軌跡そのものである。

長崎における造船の起源は、一八五七（安政四）年に建設が始まった長崎鎔鉄所《ようてつじょ》にさかのぼる。ペリー来航を機に徳川幕府は海軍長崎伝習所を開設したが、同時に洋式船舶の建造・修繕とその関連機械製造を行う必要性を認識したため、伝習所の対岸の飽の浦《あくのうら》に建設したもので、一八六一（文久元）年に完成し、長崎製鉄所と改称された。

同製鉄所では幕府の軍艦としては初の洋式蒸気砲艦「千代田形《ちよだがた》」に搭載する蒸気機関が建造された。これには隣の佐賀藩が協力している。佐賀藩はすでに近代技術の研究開発拠点となる「精煉方」で蒸気機関の開発を進めるとともに、三重津海軍所を建設して洋式造船にも着手し始めていた（第三章参照）。その成果をもとに長崎製鉄所での蒸気機関の製造を支援したのだった。藩や幕府の枠を超えた人材の交流や技術の波及があったことがわかる。

しかし同製鉄所完成から七年後の一八六八（慶応四）年に徳川幕府は崩壊し、同製鉄所は明治新政府が接収して官営となった。明治政府は同製鉄所を近代化事業の拠点の一つとして、長崎造船局に改称し、船舶の建造・修繕に力を入れた。しかし他の官営事業と同様に、経営的にはうまくいかず赤字に苦しむようになる。

そこで登場したのが三菱（当時の社名は郵便汽船三菱会社）である。明治政府は一八八四（明治一七）年、海運業などの成功で隆盛著しい三菱に同造船局を貸し与えて、経営を任せる方針に転換したのだ。三菱は同造船局を借り受けて長崎造船所に改称し、本格的に造船事業に乗り出した。

岩崎弥太郎、土佐の〝地下浪人〟の家に生まれる

このときの三菱の社長が、創業者の岩崎弥太郎（一八三五〜一八八五年）だ。弥太郎は土佐国の井ノ口村（現在の高知県安芸《あき》市）の元郷士《ごうし》の貧しい家に生まれた。郷士とは普段は農

業に従事し、いざというときには藩の兵士として戦いに馳せ参じるという身分で、足軽より下の最下層に位置づけられていた。土佐では特に身分差が厳しく、郷士の多くは経済的にも苦しい生活を強いられていた。郷士の中には生活に困ると、その職の証である郷士株を売る者が少なからずいたという。郷士株を失った人は地下《じげ》浪人と呼ばれ、郷士よりさらに一段下に扱われていた。

弥太郎が生まれたとき、岩崎家はその地下浪人に没落していた。そんな生活環境の中で、弥太郎は負けず嫌いの性格が培われたようだ。気性が激しく腕白だったそうだが、その一方で勉学にも一生懸命に励んだという。九歳の頃から地元の儒学者の塾に通い、一四歳になると高知城下に出て土佐藩随一と言われた儒学者の家に寄宿した。その優秀さは藩主の耳にも入り表彰されたこともあったという。この貧乏であったがゆえの負けず嫌いと勉強熱心さが、後に実業家としての成功につながったと言える。

二〇歳になった一八五四（嘉永七）年には、かねて希望していた江戸遊学が藩から認められた。江戸にやってきた弥太郎は、高名な朱子学者であった安積艮斎《あさかごんさい》の塾に入門を果たし、勉学に磨きをかけていった。

安積艮斎は幕府直轄の最高学府である昌平坂《しょうへいざか》学問所の教授をつとめ、ペリーが来航した際に幕府に渡された米国の「国書」の翻訳もした人で、その名は全国に鳴り響いていた。門下生は吉田松陰、高杉晋作、幕臣の小栗忠順《おぐりただまさ》（後の外国奉行、勘定奉行）など、延べ三〇〇〇人に達したという。

しかし時代は、弥太郎が勉学だけに励むことを許さなかった。弥太郎が江戸に出た一八五四年は、その前年にペリーが来航したばかり。品川沖では急きょ砲台の建設工事が始まるなど、世情騒然となっていた。弥太郎も時代の変化に目を向けるようになっていったことは想像に難くない。

岩崎弥太郎と長崎との出会い

一年余りの江戸滞在を終えて帰郷した弥太郎は、一八五八（安政五）年、二四歳のときに土佐藩の重臣、吉田東洋《とうよう》が開いていた塾に入門した。吉田東洋は藩主・山内容堂《ようどう》を補佐して藩政改革を指導した人で、海運や貿易、殖産興業など開明的な政策を推進していた。弥太郎はその東洋に認められるようになり、翌一八五九年に藩士に取り立てられて長崎出張を命じられる。これが弥太郎と長崎の出会いとなった。

長崎出張の目的は、西洋の書物や情報の収集をはじめ、列強による清国侵略の実態調査、土佐の物産貿易の可能性調査などであった。藩にとって重要な任務を任されたわけだ。ちょうど前年に幕府が日米修好通商条約に調印し、その年に長崎は開港したばかり。続々と外国の蒸気船が入港し、異人館の建設が進んでいた。トーマス・グラバーが長崎にやってきたのも、ちょうどこの頃だ。前述のように幕府による長崎鎔鉄所の建設も始まっていた。これらの光景に弥太郎は目を見張り、張り切って仕事に取りかかったことだろう。

ところが、ここで弥太郎は大失敗をしでかしてしまう。長崎の花街、丸山の料亭で毎夜のように外国人を接待して情報収集と人脈づくりに励んだのだが、いつしか自ら遊興にはまるようになり、藩から預かった〝軍資金〟も底をつくようになっていた。当時の丸山は日本でもトップクラスの歓楽街。後には坂本龍馬もよく遊んだと言われているが、二五～二六歳の弥太郎には刺激が多すぎたのか、はたまた弥太郎の元来の型破りな性格のせいか、十分に任務を果たせないまま、わずか半年で土佐に帰国することになった。

帰国した弥太郎には次の試練が待っていた。当時の土佐藩では、開国を主張して藩政改革を推進する吉田東洋派と、それに反対する武市半平太《はんぺいた》の土佐勤王党ら尊王攘夷派が激しく対立していたが、ついに一八六二（文久二）年、勤王党の藩士らが吉田東洋を暗殺して藩の実権を握ったのだった。

その結果、吉田東洋門下生の弥太郎も不遇をかこつことになる。藩から東洋暗殺の犯人捜索を命じられ、藩主の江戸参勤に同行したが、兵庫まで来たところで「勝手に隊列を離れた」との理由で帰国を命じられてしまった。これは、東洋門下生だった弥太郎を警戒した勤王党が口実を作って帰国させたためとの説もあるが、真相は不明だ。いずれにしても何度も激しく浮き沈みを繰り返すことになったわけで、そんな人生を嘆きながら、一人土佐に帰らざるを得なかった。

七転び八起きの末、二度目の長崎で大車輪

ところが弥太郎が土佐へ向かった直後、藩主の行列が大阪に着いたところで大事件が起きる。弥太郎とともに行列に同行していた東洋門下生の二人が、暗殺されたのである。犯人は同じく行列に同行していた土佐勤王党メンバーの一人、岡田以蔵《いぞう》。後年「人斬り以蔵」と恐れられた人物だ。弥太郎も同行を続けていれば、同じ運命だったかもしれない。何が幸いするかわからないものだ。

土佐に戻った弥太郎はしばらく忍従の時期を送るが、やがて再び運がめぐってきた。一八六四（元治元）年、亡き東洋の甥・後藤象二郎《しょうじろう》が藩の要職に復帰したのである。弥太郎は東

洋の門下生時代に後藤と親しくなっていたが、東洋が暗殺されて勤王党が藩の実権を握った後、後藤は役職を解任されていた。しかし藩内の力関係が逆転して、勤王党のリーダーだった武市半平太は投獄され、入れ替わりに後藤が復権を果たし、藩の実質的な最高責任者に就任したのだった。

一八六七(慶応三)年、後藤の部下として弥太郎は再び長崎に赴くことになった。その頃、土佐藩は開成館長崎商会(通称・土佐商会)を設立して欧米から武器や蒸気船を輸入し、土佐の物産の輸出を拡大しようとしていた。長崎に赴任してほどなく、弥太郎は同商会の責任者を命じられたのだった。これまでにない大役である。

弥太郎にとって長崎は七年ぶり、七転び八起きの末にたどり着いた活躍の大舞台だ。前回のリベンジを果たすべく、弥太郎は大車輪で活動を始めた。『岩崎彌太郎傳』(岩崎家傳記刊行會編、東京大学出版会)によると、弥太郎が一八六七(慶応三)年に外国人商人から購入したものは、大砲一〇門と小銃一五〇〇挺(購入先オランダ)、帆船三隻(同・ベルギー、英国、米国)、砲艦(英国)、小銃五八〇挺(英国)、小銃二〇〇挺(オランダ)、ほかに火薬などとなっており、短期間で大量の武器と船舶を各国から購入したことがわかる。ただし同書は「武器・弾薬の類は軍事の機密として裏取引もあったと思われる」と指摘しており、実際には資料に残っている以上の取引が行われていたとみられる。

弥太郎は土佐藩が何を購入すべきかを見きわめながら外国人商人を相手に交渉をまとめ、かつ高額な代金を支払うためには金策にも走らなければならない。明治維新直前のこの時期、弥太郎の活動は土佐藩の命運を分ける重要な役割を担っていたと言える。その成果が土佐藩の経済的・軍事的な強化に大きく貢献したのだった。

と同時に、長崎でのこの経験が弥太郎のビジネス感覚を育て、後の実業家としての基礎を作ることになる。人脈も広がった。貿易取引を通じて親しくなった英国人商人のウィリアム・オルトはその一人。オルトはグラバー園内に旧オルト住宅を残している人物で、弥太郎が後に長崎から大阪に移ったのと同じ時期に、同じように大阪に移住している。

グラバーから砲艦や銃を購入、坂本龍馬を支援

グラバーとも、この頃に知り合ったとみられる。前回の長崎滞在時代に顔見知りになっていた可能性もあるが、本格的に貿易などの取引をするようになったのはこの頃だ。前述の取引の中には、グラバーから購入した砲艦や銃も含まれている。このときの弥太郎とグラバーの付き合いが、後の三菱とグラバーとの関係に発展していく。

岩崎弥太郎が責任者をつとめた土佐商会の跡。坂本龍馬率いる海援隊発祥の地でもある。（長崎市浜町）

この頃、長崎では土佐藩出身の坂本龍馬も活動していた。龍馬は亀山社中を作って外国との貿易を行い、すでにその前年の一八六六（慶応二）年に薩長同盟を成立させていた。土佐藩は脱藩していた龍馬に赦免状を与え、後藤象二郎は亀山社中を土佐藩の別動隊とすることにした。

実は、もともと龍馬と後藤は対立関係にあった。後藤は土佐勤王党に暗殺された吉田東洋の甥、かたや龍馬はその土佐勤王党のメンバーであり、一時は東洋暗殺に関わっていると疑われたこともあったほどだ。しかしその頃には情勢が変化して藩の実権を握った後藤象二郎は龍馬の存在を認め、その考えと行動力を利用しようと考えるようになった。二人は恩讐を超えて長崎の料亭で会談し、全面的に協力することで合意したのだった。

その結果、亀山社中は海援隊に改組され、拠点を土佐商会に移した。海援隊の隊員には土佐藩が月五両を支給したという。現在の貨幣価値に換算すると五〇万円ぐらいだろうか。それ以外にも活動資金を出しているのだから、かなり厚遇と言える。

土佐商会のあった場所は出島からほど近い西浜町（現・浜町）という中島川沿いの場所で、

長崎の中心街の一角だ。現在でも県庁から近く、大きな商店街のすぐそば。「海援隊発祥の地　土佐商会跡」という石碑が建っている。ちなみに、前身の亀山社中は長崎市街地から少し離れた丘の中腹にあった。現在もその跡が記念館となっているが、それに比べると海援隊は町のど真ん中に出てきたことになる。長崎奉行所からもそう離れていない場所であり、かなり大胆になっていたという印象だ。

弥太郎はそうした龍馬と海援隊の活動を資金面で支援する役割も果たすことになる。弥太郎と龍馬はたびたび酒を酌み交わしながら、日本の新しい国づくりについて議論し、肝胆《かんたん》相照《あいて》らす仲になっていったという。一八六七（慶応三）年、龍馬と後藤象二郎は京都にいた山内容堂に呼ばれ、長崎から船で出発した。このとき、弥太郎は龍馬らを見送っている。この船旅の途中に坂本龍馬がまとめた「船中八策」を容堂が採用して徳川慶喜《よしのぶ》に大政奉還を勧め、実現させたことは有名だが、大政奉還の一カ月後に龍馬は京都で暗殺される。

土佐藩は大政奉還に大きな役割を果たしたわけだが、その後の戊辰戦争でも討幕軍の主力として力を発揮する。このような土佐藩の活躍を、弥太郎は長崎で支えていたのである。このときまだ三菱は存在しないが、三菱と長崎の関係はすでに始まっていたと言える。

土佐藩士から実業家へ、三菱を創業

時代は明治に移る。弥太郎は一八六九（明治二）年に土佐藩の大阪商会に転勤となった。明治になって貿易の中心が大阪になるとの藩の判断によるもので、弥太郎は大阪藩邸の最高責任者にも抜擢された。すでに弥太郎は、土佐藩の貿易など経済事業を支える屋台骨のような存在になっていたのである。

ところが明治政府は藩営の事業禁止の方針を打ち出そうとしていた。そこで藩は海運業と貿易業を切り離して商社「九十九《つくも》商会」を立ち上げた。一八七〇（明治三）年のことである。これが三菱の起源となる。

弥太郎は当初は、大阪藩邸の責任者として九十九商会の経営を指導監督する立場だったが、廃藩置県によって藩が廃止となったのを機に民間人となり、九十九商会の経営者となった。実業家・岩崎弥太郎の誕生である。

土佐藩邸は、現在の大阪市西区にある土佐稲荷神社とその周辺にあり、九十九商会もその敷地内に置かれた。廃藩置県後は弥太郎がその土地の一角を住まいとした。土佐藩邸のあ

大阪市西区の土佐稲荷神社とその周辺に、土佐藩大阪藩邸があった。弥太郎はここで三菱の起源となる九十九商会を立ち上げ、この一角を住まいとした

った場所の大半は現在では高層住宅やビル、道路などになっているが、同神社の境内には「岩崎家舊邸址」と刻まれた石碑が立っている。

九十九商会はその後、三川《みつかわ》商会に名称変更し、さらに一八七三（明治六）年に三菱商会に改称する。これが「三菱」の社名の始まりである。三菱の由来は、土佐藩主・山内家の家紋「三ツ柏」に岩崎家の家紋「重ね三階菱」を組み合わせて考案されたものとされている。「三ツ柏」は三枚の柏の葉が三方向に広がったデザインで、土佐藩時代の藩船にはそれを船旗として掲げていたという。九十九商会になってからは、その柏の葉のデザインが三つの菱形に変化していたらしく、それがスリーダイヤのマークとなった。

弥太郎は翌年には三菱商会の本拠地を東京（南茅場町、現・日本橋茅場町）に移した。首都となった東京がこれからのビジネスの中心になると判断してのことだ。社名も三菱蒸汽船会社、次いで郵便汽船三菱会社と変えながら、海運業を中心に金融、保険、倉庫など事業を多角化させていった。弥太郎は持ち前の負けん気とがむしゃらさを発揮して、強力なリーダーシップで三菱を急成長させていったのだった。

長崎造船所を買収――三菱発展の中核に――

一八八一（明治一四）年には、経営が行き詰まっていた長崎の高島炭鉱を買収する。同炭鉱は幕末に佐賀藩とグラバーが共同で開発に乗り出していたが、明治になってからの廃藩置県やグラバー商会の倒産のため、後藤象二郎が経営を引き継いでいた。しかしこれもうまくいかなかったことから、弥太郎が買収したのだった。いわば、長崎への〝里帰り〟だ。このとき、実は福沢諭吉の勧めがあったことが買収の決め手となった。福沢は後藤の政治家としての資質を高く評価していたため、これを助けるとともに、弥太郎の経営者としての手腕を見込んで弥太郎に買収を説得したのだった。当初、弥太郎は高島炭鉱の経営状態を見て買収には乗り気ではなかったが、福沢が言うなら、と買収することを決断したという。またこの買収がグラバーの三菱入りのきっかけとなる。グラバーは自分の商会が倒産した後も高島炭鉱の経営に関与していたが、三菱の買収を機に三菱の一員として同炭鉱の所長となった。さらに後に三菱の顧問も務めたことは、第五章で述べたとおりである。

弥太郎は高島炭鉱の買収に続いて、一八八四（明治一七）年に官営の長崎造船局を借り受け、造船業に本格進出する。当時の官営事業は赤字経営が多く、長崎造船局もその例外ではなかった。そのため政府は三菱への貸し下げ案を弥太郎に示し、弥太郎がこれを受け入れた。造船業は当時の三菱の主力事業だった海運業と表裏一体の関係であり、事業的価値が高かったからだ。

官営造船局を借り受けた弥太郎は長崎造船所と命名し、ドックなど設備と技術者をそのまま引き継いだ。その中には、もともとグラバーと五代友厚が造り官営造船局の一部となっていた小菅修船場も含まれている。

そして三年後の一八八七（明治二〇）年、長崎造船所は政府から払い下げを受けて名実ともに三菱の所有となり、その後の三菱の発展の中核となった。

しかし長崎造船所が払い下げられたとき、弥太郎はすでにこの世にはいなかった。その二年前の一八八五（明治一八）年に、胃がんのため死去していたのである。まだ五一歳だった。若い頃からの宴席の連続がたたったのだろうか。あるいは、ちょうど海運業のライバル会社の共同運輸会社との間で政府も巻き込んだ激しい戦いが繰り広げられていた最中でもあったため、その影響もあったのか。明治の風雲児の波乱に満ちた生涯だった。

起業家精神を発揮
――戦略的な事業展開とグローバル路線――

岩崎弥太郎は起業家精神とパイオニア精神を存分に発揮して、強いリーダーシップで三菱を創業し、経営者として明治の産業革命を牽引した。しかし彼の人生は順風満帆だったわけではない。少年時代から苦労や失敗の連続だったことは見てきたとおりで、実業家になってからもたびたび苦境に立たされている。それでも決してあきらめることなく、持ち前の負けん気で乗り越えてきたのだった。

しかも弥太郎は単にがむしゃらだっただけではない。彼の事業の展開には三つの特徴がある。

第一は、当時の日本の産業発展という戦略的な視点に基づく事業展開だったことである。

主力としていた海運事業は産業発展の中軸となる分野で、そこから造船業に進出、産業発展のエネルギー源として炭鉱開発にも乗り出したものだ。
三菱の海運事業はその後、紆余曲折《うよきょくせつ》を経て現在の日本郵船となり、船舶の積荷保険という観点から東京海上保険会社（現在の東京海上日動火災保険）の設立に参加した。また船荷の為替決済のために金融業、倉庫業に進出、それぞれ後の三菱銀行（現在の三菱ＵＦＪ銀行）、三菱倉庫となる。

弥太郎は日本が進むべき方向と時代の流れを見きわめ、そこにビジネスチャンスを見出して果敢に飛び込んでいったのだった。三菱創業百年記念事業委員会編纂・発行の『三菱の百年』は、「弥太郎の、企業者としての特色は、事業の遂行上必要なものをみずからつくりあげる意欲と能力にあった」と評している。

第二はグローバルな視点だ。弥太郎自身は海外経験がなかったが、常に海外に目を向けていた。やはり長崎での経験が生きていたのだろう。グラバーをはじめ外国人商人と接して海外についての知識や情報に詳しくなり、商売のやり方も学んだ。坂本龍馬らとの交流もグローバルな視野を養うのに役立ったと思われる。

弥太郎は長崎から大阪に移った明治初期には、土佐藩邸に米国人を招いて若者たちに英語を勉強させていたという。その頃、一八歳になった弟の弥之助が兄・弥太郎を頼って大阪に出てきていたが、弥之助にも英語を学ばせ米国に留学もさせている。その頃の弥太郎は実業家としての経験は始まったばかりである。そんな時期からいち早く海外を見据えていたことがわかる。

弥之助は弥太郎の死後、二代目社長に就任するが、その後の三代目社長の久弥（弥太郎の息子）、四代目社長の小弥太（弥之助の息子）も米国に留学している。歴代社長は留学で培ったグローバルな視点を経営に生かしていった。それは三菱の経営を貫く基本戦略となる。

第三は、会社組織を整備し近代化し、優秀な幹部を育てたことだ。後継者も、実務的な経験を積ませる中で成長させた（これについては後述する）。

福沢諭吉とも交流――教えを会社運営に活かす――

この第二と第三の特徴に大きな影響を与えたのが福沢諭吉である。福沢諭吉は一八六〇（万延元）年に咸臨丸で渡米したのをはじめ三度にわたり幕府の欧米使節に随行し、一八六八（慶応四）年に慶応義塾を開設した。弥太郎が長崎の土佐商会で活動していた時期になるが、その頃、福沢の著書『西洋事情』を読んで感銘を受けたことを日記に記している。同書は福沢が欧米で見聞してきた西洋の政治体制や経済、科学技術、文化などについて幅広く紹介した本で、当時のベストセラーだ。

　奇しくも弥太郎と福沢は同じ年の生まれ（一八三五年）で誕生日も一日違い。何か引き寄せるものがあったのだろうか。明治になって、弥太郎は一一歳だった長男・久弥を慶応義塾に入学させた。久弥は三年間福沢の薫陶を受け、福沢門下の教師たちとは後年まで公私にわたる交友を続けた。

　弥太郎と福沢の交流は深まり、弥太郎は福沢の門下生を次々に三菱に迎えるようになった。門下生を通じて福沢の教えと西洋知識を会社に取り入れ、会社運営を近代的なものしていこうとの狙いだ。その第一号は前章に登場した荘田平五郎で、弥太郎の頼みにこたえて福沢が推薦して入社した。荘田は西洋式の複式簿記の採用や会社規則の制定など会社組織の整備に力を尽くし、後に三菱の大番頭と呼ばれる存在となる。

　このほか三菱に入社した福沢門下生には、日本郵船の二代目社長になった吉川泰二郎《たいじろう》、明治生命を設立して初代社長に就任した阿部泰蔵《たいぞう》、後に日本銀行総裁となった山本達雄などがいる。

　このような福沢との交流が会社のグローバル路線の確立に一役買うとともに、第三の特徴にもつながっていく。個人経営のような形で始まった三菱を近代的な企業体に発展させ、スムーズな事業承継を実現したことだ。一般的には、弥太郎のようなカリスマ的な創業者はワンマン経営となり、後継者がうまく育たないケースが多い。弥太郎もワンマンタイプではあったようだが、前述のように会社組織を整備し、優秀な幹部を揃えていた。

また後継者も先を見据えて、しっかり育てていた。弟の弥之助は約一年半、米国に留学した後、帰国して三菱に入社し、兄・弥太郎を助けて奔走していた。

弥之助が帰国して間もなくの一八七五(明治八)年、三菱が初の外国定期航路となる上海航路の開設を果たしたとき、弥之助は現代風に言えばまだ満二四歳の若さだったが、社長代理として就航第一船に乗り込んで上海に赴き、支社を開設するとともに、各国の商館に航路開設を紹介して回った。

西南戦争が起きた際には三菱は政府から軍事輸送の命令を受け、弥之助は熊本と長崎に活動拠点を置いて現地で船繰りなどオペレーションの陣頭指揮をとっている。

これらの経験が、いわば実践的に後継者教育となったわけだ。

二代目・弥之助と三代目・久弥が事業を拡大

弥之助が弥太郎の後を継いで社長に就任したのは、満三四歳のときだった。弥太郎の死が早すぎたため、弥之助にとっては突然の社長就任となったが、経営トップとしての訓練と準備はできていたということだろう。弥之助は社長に就任すると直ちに、ライバル・共同運輸との抗争の収拾に動き、三菱と共同運輸の海運部門を合併させて日本郵船を発足させることで決着した。これには五代友厚も仲介に携わっている。

これによって三菱の海運部門は日本郵船に移管され、三菱は主力事業を手放す形となった。このため弥之助は他の事業拡大を急いで進めることになる（もっとも、日本郵船の株式は実質的には三菱側が過半数を保有していたため、次第に三菱色が強くなり、やがて三菱グループの中核企業の一つとなる）。

弥之助が社長に就任して二年後、弥太郎が借り受けていた長崎造船所の払い下げを受けることになる。それまで借りものだった造船所が三菱のものとなったことから、ドックなどの設備拡張が自社の判断で可能になった。弥之助は船舶建造を大型化させ、造船事業を拡大

2代目社長・岩崎弥之助（左）と3代目社長・岩崎久弥（右）　©三菱史料館

していった。

しかし弥之助は満四二歳のとき、会社を三菱合資会社に改組し、弥太郎の長男・久弥にあっさり社長の座を譲る。二代目社長・弥之助も三代目・久弥も、弥太郎とはキャラクターがだいぶ違っていたらしいが、弥太郎の起業家精神を受け継ぎ、時代の流れを見きわめながらビジネスを展開していったことは共通している。

なお、弥之助は社長退任後、現在の会長に相当する「監務」に就任し、若い新社長の後見役としてさまざまな助言を行うとともに、実際の経営や事業遂行にも関わった。さらに社長退任から三年後には日銀総裁に就任している。

三代目社長となった久弥は満二八歳の若さだったが、就任後間もなく長崎造船所の本格拡大に着手する。既存のドック拡張と第二ドック、第三ドックの建設に着手し、関連工場の増築・新築も次々に行った。造船先進国だった英国からの技術導入も図り、日本で初めて数千～一万トンを超える船舶の建造に成功した。

中でも、現在の三菱重工業の社内で語り継がれているのが、わが国初の大型外航船「常陸丸《ひたちまる》」の建造だ。同船の総トン数は六一七二トン。当時この規模の船舶を作れるのは英国だけで、それまで長崎造船所の建造実績は最大でも一六〇〇トン程度だった。そこで三菱は英国のグラスゴーに技術者を派遣するとともに、グラスゴーから技術者を招聘して建造を開始した。

ところが建造開始から一年二カ月後に船舶保険のロイド協会が検査に入り、リベット打ちの不備を指摘するという予期せぬ事態が起きる。三菱は直ちに打ち直しをしたものの、ロイドの検査技師はどうしても承認しないため、一時は暗礁に乗り上げた状態となってしまった。ロイドから見れば、実績のない三菱の技術を信用できないというわけだ。そこでロイドの本部にかけあうなどして粘り強く説明した結果、ようやくＯＫが出たのだった。

このため納期が九カ月半遅れたが、一八九八（明治三一）年に常陸丸は進水することができた。三菱は膨大な損失を出したが、これで六〇〇〇トン級の建造実績ができて、さらに一万トン級の受注に結びつくこととなった。こうして三菱の、そして日本の造船は世界水準を達成したのである。

世界遺産となった長崎造船所の四施設

この時期に長崎造船所で造られた設備のうち、旧木型場、第三船渠（ドック）、ジャイアント・カンチレバークレーン、占勝閣の四つが現存しており、世界遺産に登録された。それらの概要を紹介する。

▼旧木型場

木型場とは鋳物製造のための木型（木で作った模型）を製作する工場のこと。造船所の拡張に伴い鋳物製品の需要が増大したことから、それに対応して建設され、一八九八（明治三一）年に完成した。長崎造船所に現存する最も古い建物だ。外壁は赤煉瓦造り、内部は木の太い柱と梁で建物を支える木骨構造で、現在も「史料館」として使われ一般公開されている。

世界遺産に登録されたのは、当時の姿をそのまま残している建物としての資産価値が評価されたものだが、史料館としても見ごたえのある展示が並んでいる。正面の入り口を入ると、古い竪削盤《たてけずりばん》の展示が目に入る。これは幕府が長崎鎔鉄所建設にあたってオランダから購入したもので、日本最古の工作機械だ。約一〇〇年にわたり戦後まで稼働していた。現在は国の重要文化財に指定されている。

さらに中へ進むと、長崎造船所で実際に使用された機械類、建造された船舶の模型、写真、資料など約九〇〇点が時代順にずらりと並んでおり、長崎造船所の歴史がよくわかる。同時にそれらは日本の造船業の発展の歴史を示すものでもある。

▼第三船渠

第一ドック、第二ドックに続いて一九〇五（明治三八）年に造られた。満潮時にドック内に船を入れて海側の扉を閉め、ポンプで水を抜いて修理作業や新造船作業を行う。竣工時の建造能力は三万重量トンで、長さ約二二二メートル、幅二七メートル、深さ約一二メートル。当時では日本最大である。

その後拡張されて現在は長さ約二七七メートル、幅約三九メートル（深さは同じ）、建造能力九万五〇〇〇重量トンとなっているが、ほとんど当時の姿を残しており、一〇〇年以上たった今も現役で使われている。

左上：三菱長崎造船所占勝閣　©三菱重工業長崎造船所
右上：同ジャイアント・カンチレバークレーン　©三菱重工業長崎造船所
左下：旧木型場（筆者撮影）、右下：第三船渠　©三菱重工業長崎造船所

対象となる世界遺産

三菱長崎造船所　占勝閣（長崎市）	1904年に完成した木造2階建て洋館で、迎賓館として使用された。現在も賓客の接待などに利用されている（一般非公開）
三菱長崎造船所　ジャイアント・カンチレバークレーン（長崎市）	英スコットランドから輸入され、1909年に完成。現在も稼働中（一般非公開）
三菱長崎造船所　旧木型場（長崎市）	1898年完成。鋳物製造のための木型製作工場。現在は史料館として使われ、同造船所の歴史を示す資料等を展示している。
三菱長崎造船所　第三船渠（長崎市）	1905年に完成したドライドックで、竣工時の建造能力は3万重量トン。現在も使われている（一般非公開）

▼ジャイアント・カンチレバークレーン

完成は一九〇九（明治四二）年。高さ約六一メートル、アームの長さ約七三メートルと、その名のとおり巨大で、最大一五〇トンの重量物を吊り上げることができる。電動式で動く当時最新鋭のクレーンで、建造船舶の大型化に対応するため英国から輸入して設置された。蒸気タービンやボイラーなど大型機械を船舶に搭載する際や修理のために陸揚げするのに使われ、現在に至るまで稼働を続けている。

建設当時から長崎港の名物となり、絵はがきにもたびたび描かれている。現在でも、長崎湾の対岸や湾内を航行する一般のフェリーなどの船上から、その巨大な姿を見ることができる。

▼占勝閣

第三船渠を見下ろす丘の上に建てられた木造二階建ての洋館で、一九〇四（明治三七）年に完成した。優雅な外観と周囲の緑が合わさって長崎港の美しい風景の一部となっている。もともとは当時の長崎造船所所長の邸宅として建設されたが、完成後はもっぱら迎賓館として使われた。現在も進水式の祝賀会や接待などに利用されており、こちらも現役で稼働中の施設だ。

大型船の建造風景。明治の後期には大型船の設計から建造までが長崎造船所において可能になった　©三菱重工業長崎造船所

以上のうち、特にクレーンと第三船渠が現在も稼働中というのは驚異的である。一〇〇年以上にわたる操業は、オペレーションとメンテナンスも含め日本のモノづくりの技術水準の高さを物語っていると言えるだろう。実は、稼働中の産業施設が世界遺産に登録されたのは「明治日本の産業革命遺産」が初めてだ。ただ残念ながら、クレーン、第三船渠、占勝閣の三つは稼働中であることや安全確保の観点から、一般には非公開となっている。

なお「明治日本の産業革命遺産」では三菱長崎造船所の他に、官営八幡製鉄所（現・新日鉄住金八幡製鉄所）と三池港にも稼働中の施設がある。

多角化を推進した三菱グループの原点は長崎にあり

さて三菱は三代目社長・久弥の下で長崎造船所の一連の設備拡張・増強を進め、その成果をもとに神戸、下関にも造船所を建設し造船事業を飛躍的に発展させた。それが今日の三菱重工業となり、造船業は日本の中核的な産業に成長した。長崎造船所の世界遺産施設は、産業革命確立期の足跡を示す貴重な資産なのである。

三菱は造船業以外でも、炭鉱・金属鉱山事業を拡大させた。すでに二代目・弥之助時代には長崎・高島炭鉱の沖合の島、端島炭鉱（軍艦島）を買収していたが、久弥の時代には筑豊の炭鉱や佐渡金山も買い取った。これらが後の三菱鉱業と三菱金属、現在の三菱マテリアルにつながっていく。

また貿易部門の独立（後の三菱商事）、銀行部門の拡充（後の三菱銀行）、麒麟麦酒の設立（後のキリンビール）、旭硝子設立など、多角化を推し進めた。

さらに弥之助時代に丸の内一帯一〇万坪余り（約三五ヘクタール）を政府からの払い下げに応じて購入したのを受けて、三代目・久弥は社長に就任した折に本社を丸の内に移転し、

岩崎弥太郎の生涯と三菱の歩み

西暦	和暦	主な出来事
1835	天保5	岩崎弥太郎、土佐で誕生
1854	安政元	江戸遊学
1859	安政6	藩から長崎に派遣される
1867	慶応3	土佐藩長崎商会主任。グラバーらと貿易取引、坂本龍馬を支援
1869	明治2	土佐藩大阪商会に転勤（大阪藩邸の責任者に）
1870	明治3	大阪で九十九商会設立（三菱の起源）
1873	明治6	九十九商会から三川商会を経て、三菱商会に改称
1874	明治7	本拠を東京（南茅場町）に移転
1881	明治14	高島炭鉱を買収、グラバーが三菱の社員に
1884	明治17	政府から長崎造船局を借り受け→1887年、払い下げを受ける(現・三菱重工業長崎造船所)
1885	明治18	弥太郎死去（51歳）、弟・弥之助が2代目社長に
1890	明治23	端島炭鉱を買収
1894	明治27	三菱合資会社に改組、3代目社長に久弥（弥太郎の長男）。本社を丸の内に移転
1898	明治31	長崎造船所木型場竣工（現・史料館）
1904	明治37	占勝閣竣工
1905	明治38	第三船渠竣工
1909	明治42	ジャイアント・カンチレバークレーン竣工

矢継ぎ早に新しいビルの建設に取りかかった。久弥は社長在任中に、丸の内に二一のビルを建設したという。これをきっかけに丸の内は東京のオフィス街の中心となり、現在の三菱地所につながっていく。

このように、久弥の時代に今日の三菱グループの原型が出来上がった。同時にそれは、今日の日本の産業の姿の原型でもある。三菱はその後、太平洋戦争、戦後の財閥解体など、たびたび試練に直面し、企業グループとしての形も変えながら今日に至っている。現在でもその中核企業である三菱重工業は日本のモノづくりの代表的な存在だが、その原点は長崎にあると言っても過言ではない。長崎造船所の世界遺産はその象徴とも言えるだろう。

第七章
反射炉から釜石、そして八幡へ
――産業革命の主役「鉄」――

日本初の洋式高炉を建設し「近代製鉄の父」と呼ばれる大島高任(1872年にロンドンで撮影)　©釜石市

水戸藩も反射炉を建設

釜石、八幡といえば「鉄の町」として栄えた都市である。その源流は、本書で何度も登場した反射炉にある。反射炉の技術が形を変えて官営の釜石製鉄所と八幡製鉄所へと引き継がれたもので、今日の新日鉄住金につながっている。

まず反射炉についておさらいをしておこう。反射炉は銑鉄を高温で溶かして大砲を製造する装置で、佐賀藩が建設して大砲製造に成功し、続いて薩摩(鹿児島)、長州(萩)など有力藩が相次いで建設に乗り出した。英国がアヘン戦争で清国に勝利するなど欧米列強のアジア進出への危機感が高まったことに対応して、軍事力を強化する狙いだった。幕府もペリー来航を機に伊豆・韮山に建設した。このうち鹿児島、萩、韮山の反射炉(跡)が世界遺産に登録されたことは見てきたとおりである。

反射炉は国土防衛と近代化のキーテクノロジーとなっていたのである。しかしオランダの翻訳本だけが頼りで、各藩は失敗を繰り返しながら建設に取り組まざるを得なかった。そこで、お互いに技術的な情報交換や人的交流などを行った。そのことが、後の近代的製鉄業の発展につながる基礎を作ることになる。

　幕末期に反射炉建設を試みた藩は他にもあった。専門家の研究によると、幕府や民間人の手によるものも合わせ、一〇余りの反射炉が建設、または試作された。

　その代表格が水戸藩である。ペリー来航の翌一八五四（嘉永七）年、前藩主で最高実力者・徳川斉昭の命令で那珂湊《なかみなと》（現・茨城県ひたちなか市）で反射炉の建設に着手した。各藩と幕府の反射炉の着工時期は、佐賀（一八五〇年）、薩摩（一八五一年）、幕府・韮山（一八五四年）、水戸・那珂湊（同年）の順となり、そのあとに長州・萩（一八五六年頃）と続く。そしてこの水戸藩の反射炉建設が、後の近代的製鉄所の建設につながる重要な中継ぎ役を果たすことになる。

　徳川斉昭は反射炉を建設するにあたり、腹心の藤田東湖に命じて藩外から薩摩藩士・竹下清右衛門、三春《みはる》（現・福島県三春町）藩士・熊田嘉門《かもん》、盛岡（南部）藩士・大島高任の三人を招聘した。

　このうち竹下清右衛門は鹿児島の反射炉の建設に携わっていた。それに先立ち水戸藩は宮大工の棟梁を薩摩に派遣し、反射炉建設を視察させている。両藩のこのような協力は、水戸の斉昭と薩摩藩主・島津斉彬が親しかったことが背景にある。徳川斉昭も島津斉彬も早くから海防への危機感を強めるとともに藩政改革を推し進めていた点で共通するものがあった。斉彬は集成館事業の一環として蒸気船のひな型を作り、斉昭に贈呈したこともあったという。

二人は幕政改革についても連携していた。これより数年後のことだが、将軍後継問題で徳川斉昭の息子・一橋慶喜（後の第一五代将軍）を押し立て、井伊直弼が推す紀伊藩主・徳川慶福《よしとみ》（後の第一四代将軍・徳川家茂《いえもち》）に対抗したほか、一八五八年（安政五）年に大老・井伊直弼が勅許を得ないままで日米修好通商条約を結んだことに対し、二人はそろって反発して井伊直弼と対立した。

しかし結果は井伊直弼の全面勝利に終わり、徳川慶福が第一四代将軍となった。島津斉彬は兵を率いて京都に出発する直前に急死し、徳川斉昭は井伊直弼から蟄居《ちっきょ》を命ぜられたうえに二年後にやはり急死している。二人ともその死があまりに急だったことから暗殺説もあるほどで、そんなところまで共通している点も興味深い（斉昭が亡くなったのは、桜田門外の変で井伊直弼が水戸浪士らに殺害された五カ月後。そのため彦根藩士に報復として暗殺されたとの説が出たが、否定されている）。

「近代製鉄の父」大島高任

話が脱線してしまったが、水戸藩・反射炉の助っ人の一人、大島高任（一八二六〜一九〇一年）は後に「近代製鉄の父」と呼ばれるようになるキーマンである。

大島は盛岡藩侍医の長男として盛岡で生まれた。父親の影響もあって早くから蘭学を学び、一七歳のときに江戸に留学、さらに長崎や大坂にも出かけて蘭学をきわめていった。

本来は医学の研修が第一目的だったが、長崎時代にはオランダ人将校ヒュゲーニンが書いた『ロイク王立鉄製大砲鋳造所における鋳造法』に出合い、その翻訳書『西洋鉄熕《てっこう》鋳造篇《へん》』を著している（同じ時期に長崎に留学していた長州出身の手塚律蔵との共訳）。現在、鉄鋼業で使われている「高炉」という言葉は大島の翻訳によるものである。ちなみに、ヒュゲーニンのこの本の翻訳書は同書のほか、佐賀藩主・鍋島直正の命で杉谷雍助が著したものなど三つ存在する。鍋島直正は大島の翻訳による同書の写本も入手し、これが後に薩摩藩主・島津斉彬に渡り、薩摩藩の反射炉建設の指南書の一つとなった。同書はまた、大島自身が後に釜石で高炉を建設した際の手引書にもなる。

長崎ではまた、当時の西洋砲術の第一人者であった高島秋帆の息子・高島浅五郎に弟子入りし砲術の免許皆伝を受けている。高島門下の数多い弟子の中でそれまで免許皆伝となったのはわずか三人で、大島は四人目だった。ちなみにその三人のうち一人は、伊豆・韮山に反射炉を建設した江川太郎左衛門英龍（第四章参照）である。

大島はその後、大坂に行き、緒方洪庵の適塾に入門した。門下生には福沢諭吉をはじめ、長州藩士で後に討幕軍を指揮した大村益次郎《ますじろう》、三重津海軍所などに携わった佐賀藩士・佐野常民、後に安政の大獄で処刑された越前藩士・橋本左内など、大島の在籍と同時期ではない人も含めてだが、そうそうたる顔ぶれがいた。

このように大島は蘭学だけでなく、西洋式兵法・砲術、さらには採鉱術や精錬などを幅広く学び、人的なネットワークも広げていた。那珂湊に反射炉の建設を計画した徳川斉昭は大島のそうした経歴と知識に目をつけ、スカウトしたのだった。大島が水戸藩に招かれたときはまだ二八歳の若さだったが、反射炉建設の事実上の技術責任者となった。

このとき、斉昭は大島を三〇〇石で召し抱えようとしたという。大島は盛岡藩で六六石の家禄だったので、これは破格の待遇である。しかし大島は「大島家は二二〇年余の恩顧が盛岡藩にある」と言って辞退したとの話が伝わっている。結局、大島は水戸藩の助っ人の立場で反射炉建設を進めていった。

釜石で日本初の洋式高炉を建設・稼働

大島は当初、一〇基の炉の建設を計画したとされているが、まずは二基の完成を目指し、建設開始から一年後の一八五五（安政二）年に一号炉、一八五七（安政四）年に二号炉が完成した。形状と寸法は佐賀藩のものをモデルにしたという。大砲の製造にも成功した。

だがここで大島は一つの壁にぶちあたった。反射炉で溶かす銑鉄は、砂鉄を原料とするものだったため強度に問題があったのだ。これは実は他の多くの反射炉でも共通する課題となっていた。すぐれた強度の大砲を作るには、原料を砂鉄ではなく、鉄鉱石を精錬した銑鉄（これを大島は「柔鉄」と呼んだ）にする必要がある、そのために鉄鉱石を精錬する西洋式の高炉を建設したいと考えるようになった。

そこで、自分の出身地である盛岡藩内で良質の鉄鉱石が採れることに目をつけた。すでに約一三〇年前、幕府の薬草学者が現在の釜石市内の山中で薬草を採取中に磁石の針が激しく動くのに気づき、磁鉄鉱石の鉱脈を発見していたという。まさに「柔鉄」の原料にふさわしい鉄鉱石が大量にあるわけだ。しかも南部地方では古くからたたら製鉄が行われており、鍛冶職人など鉄に関わる技術の集積もある。さらに高炉に適した頑丈な花崗岩、木炭の原料となる豊富な森林資源、動力となる水車に必要な急流など、高炉建設に必要な条件が揃っていた。大島は現地調査も行い、甲子村大橋《かっしむらおおはし》（現・岩手県釜石市甲子町）に洋式高炉を建設することにした。大島がこのような決断ができたのは、西洋の大砲製造法だけでなく、精錬や採鉱などについても幅広い学識を習得していたからこそである。

いったん盛岡藩に戻った大島は、藩の許可を得て一八五七（安政四）年に高炉の建設に着手し、翌一八五八年一月、旧暦では安政四年の一二月一日、溶融した銑鉄の取り出し（出銑《しゅっせん》）に成功した。これが、洋式高炉での日本初の出銑とされており、一〇〇年後の一九五七（昭和三二）年に日本鉄鋼連盟が一二月一日を「鉄の記念日」に制定している。

橋野鉄鉱山（橋野高炉跡）が世界遺産に

この大橋高炉で作られた銑鉄は釜石港から船で水戸藩の那珂湊に送られ、反射炉での大砲製造に使われた。大橋高炉の成功を受けて、盛岡藩は橋野（現・釜石市橋野町）にも高炉を建設することを決めた。大島の指揮で一八五八（安政五）年に建設を開始し、同年のうちに完成している。

橋野のこの高炉は当初は仮高炉（試験炉）とされたが、続いて一八六〇（万延元）年頃に橋野で二基が新たに建設されて一番高炉、二番高炉となり、最初に建設された仮高炉は改修されて三番高炉となった。この三つの高炉跡と周辺の鉄鉱石採掘場跡、運搬路跡が「橋野鉄鉱山」として世界遺産に登録されている。

現在の釜石市中心部から内陸の北西方面に向かって険しい山道を車で一時間ほど走ると、橋野高炉跡に着く。標高五六〇メートルの山あいを流れる渓流の段丘上の南北二〇〇メートルほどの範囲内に、南から一番高炉、二番高炉、三番高炉の跡が並んでいる。

三つの炉とも、大きな花崗岩が約五メートル四方のほぼ正方形に囲う形で四〜五段ほど積み上げられた状態で現存している。これは高炉の一番外側の石組みに当たり、現在は地上から五〜六メートル程度の高さまでの石が残っている。その内側に、現在は残っていないが、耐火煉瓦を組み立て、内部の炉で鉄鉱石を加熱して銑鉄を生産していた。炉の上部には、やはり耐火煉瓦で造った煙突が円筒形に積み上げられ、地上からの高さは約七〜八メートルあったという。

花崗岩は周辺の山中から切り出して高炉を組み立てており、その石組みや耐火煉瓦の煙突建設などは在来の施工技術によって行われている。

橋野高炉の三番高炉。当初は試験炉として建設された。その後、一番高炉、二番高炉が建設され、試験炉は改修されて三番高炉となった（岩手県釜石市）

実はこの石組みは、二〇一一年三月の東日本大震災のときに激しい揺れに見舞われて一部ずれてしまった。そのため高炉跡を管理する釜石市は、ずれた石組みを元に戻すとともに、積み上げられた石同士を樹脂で固定する耐震補強を施したという。

製鉄産業システム全体が良好に保存

高炉での銑鉄製造工程はこうだ。

▼採石
高炉から約二・六キロ離れた所に採掘場

があった。地上から掘り進む露天掘りが中心で、作業員がクサビなどを使って人力で採石していたという。現在も露天掘りの跡や坑口跡などが残っている。

▼運搬

採石した鉄鉱石は、石や馬を使って高炉の敷地まで馬で運んだ。ソリなども使っていた（ソリなどは釜石市内にある「鉄の歴史館」に展示されている）。周辺の林道などの中に、当時の運搬路の跡が部分的に残っている。

▼種砕《たねくだき》

採掘場から運ばれてきた鉄鉱石に「種砕」という前処理を行う。種とは鉄鉱石のこと。「種焼窯」で鉄鉱石を加熱して不純物を取り除き、砕いて大きさを揃える。高炉の敷地内で種焼窯の跡が見つかっている。

▼投入

木炭と鉄鉱石を高炉の頂上部まで運んで、上から「投入」する。炉内は約一四〇〇度まで加熱されており、鉄鉱石が炉底部まで落下する間に還元する仕組みだ。

ここで重要なのが、炉の燃焼効率を上げることだ。これが高品質の銑鉄を作るカギとなる。そのため炉内部に外から風を送り込む装置として、在来のたたら製鉄で採用されているフイゴが備え付けられ、そのフイゴを動かすため水車が導入された。高炉跡の横手に、水車のための水路の跡も確認されている。

高炉内部の中央部の地表には、出銑のときに流れ切らずに銑鉄炉底部に溜まった塊《かたまり》（炉底塊）が残っており、操業時の名残をとどめている。

▼湯出し

炉内部で溶融した銑鉄は、炉下部の横に設置された砂場に流し出し、いったん冷やす。

▼冷却

さらに固まった銑鉄を池につけて冷やす。

▼計量

銑鉄の重量を計測し、出荷する。

橋野高炉では最盛期には約一〇〇〇人の従業員がいたという。高炉の操業に従事する作業員や鉄鉱石などを運搬する作業員、大工、鍛冶職人などさまざまな職種の人たちが働いていた。周辺地域の農民も作業員として働き、女性や子どももいたという。高炉の周辺には各種の作業場のほか、今でいう管理事務所棟や従業員用の長屋などが設置されており、その礎石や石垣が地上に残っている。このほか地中にも遺構が埋まっているという。

こうして橋野高炉は、鉄の大量生産を可能にする近代的製鉄業の基礎を築いたのである。

現在の橋野高炉跡は、そうした当時の製鉄システム全体が良好な状態で保存されているところに特徴がある。しかも鉄鉱石の採掘から高炉建設の際の施工技術、たたら製鉄や鍛冶職人の動員、フイゴや水車の活用など日本固有の環境や技術を活かしながら、西洋の最新技術を導入して近代化を進めようとしていたことがよくわかる。それも外国人の手を借りずに、すべて自力である。

世界遺産に登録された高炉跡の敷地は三万五〇〇〇平方メートル。さらに周辺の鉄鉱石採掘場跡や運搬路跡、森林なども含めた三八万四〇〇〇平方メートル、東京ドーム八個分に及ぶ広い区域が世界遺産の対象地域となっている。

なお、釜石市中心部近くの高台には、市が運営する「鉄の歴史館」がある。橋野高炉跡からはだいぶ離れているが、併せて見学すると理解がより深まる。

最大顧客・水戸藩の反射炉が閉鎖

さて、橋野高炉はこうして当時の最先端の製鉄所となった。ただその歴史は長く続かなかった。前述のように盛岡藩の大橋高炉と橋野高炉は、水戸藩の那珂湊反射炉に銑鉄を供給することを第一目的に作られたものだったのだが、橋野高炉が稼働開始した直後の一八五八(安政五)年、水戸の徳川斉昭が大老・井伊直弼と対立して蟄居処分を受け、那珂湊反射炉の操業は中断されてしまったのである。

斉昭はその二年後の一八六〇(万延元)年に蟄居が解けぬまま急死した。腹心だった藤田東湖もすでに安政の大地震(一八五五年)で亡くなっており、水戸藩は反射炉事業の推進者を失ってしまったのだった。

水戸藩は斉昭亡き後の一八六〇年代に入ると影響力を低下させていき、内部抗争の激化もあって時代の流れから脱落する結果となった。そんな中、一八六四(元治元)年、天狗党の乱が起き、その戦火で反射炉は焼失した(その跡地には現在、昭和になって復元された同型の模型が立っている)。

盛岡藩は高炉の操業開始からわずか数年で、最大の顧客を失うという試練に立たされたのである。そのため盛岡藩は隣の仙台藩の鋳銭場（貨幣鋳造所）向けに銑鉄を供給するなど販路の新規開拓に取り組む一方、藩独自で鋳銭事業に乗り出して用途拡大を図ろうとした。鋳銭用として、さらに数カ所で新しい高炉を建設したりもした。

しかし明治維新の際、盛岡藩は奥羽越列藩同盟に加わって新政府に抵抗したため藩領が一時的に新政府に没収される事態となり、橋野高炉の経営は民間の商人に委ねることになった。だがこれも新政府が鋳銭禁止令を出したため高炉の操業を大幅に縮小せざるを得なくなるなど、経営的にうまくいかない状態が続いた。結局、一八九四（明治二七）年に橋野高炉は閉鎖となった。

明治政府による日本初の官営釜石製鉄所

しかし製鉄の灯は別のかたちで受け継がれていく。橋野高炉閉鎖に先立つ一八七四（明治七）年、明治政府は製鉄事業の本格育成を図るため官営釜石製鉄所の建設に着手した。日本初の官営製鉄所である。これを所管していた政府の役所は工部省で、そのトップ・工部卿は伊藤博文だった。

明治政府が釜石製鉄所建設の方針を打ち出したとき、大島高任は工部省の役人となっていた。盛岡藩時代の大橋・橋野両高炉での実績を買われて新政府に登用されたのである。岩倉欧米使節団の一員にも選ばれて欧米の製鉄所や鉱山を視察、ドイツではヨーロッパ最古の鉱山大学にも留学して、一八七三（明治六）年に帰国したばかりだった。

大島はさっそく新しい製鉄所の立地計画の立案と現地調査を開始した。橋野高炉は内陸部の山中にあったが、新しい官営製鉄所は積み出しに便利な海岸部を立地場所とし、詳細な建設案を提出した。ところが具体的な場所の選定や規模など基本的な考え方をめぐって、政府が招聘したドイツ人技師、エル・ビヤンヒーと真っ向から意見が対立してしまう。

大島の案は、釜石の大只越《おおただごえ》（現在の釜石市役所付近）に、一〇トン程度の小規模な高炉を五基建設するというもので、当時の技術水準に即して徐々に規模を拡大していくとの考え方だった。これに対しビヤンヒー案は、二五トンの大規模な高炉二基を建設し、建設場所は同じ海岸部ではあるが鈴子地区（現在の新日鉄住金釜石製鉄所の所在地）としていた。つまり先進国ドイツ並みの近代的な製鉄所を一気に建設しようというものだった。

政府はビヤンヒーの意見を採用した。政府としてはわざわざドイツから招聘した専門家の案を採用しないわけにはいかなかったのだろうか。大島は釜石を去ることになった。しかし

1890年代の釜石鉱山田中製鉄所の社員（現在の新日鐵住金釜石製鐵所）
©新日鐵住金釜石製鐵所

ドイツ人技師の意見にもとづいて建設された官営釜石製鉄所は操業開始早々からさまざまなトラブルに見舞われる。最新式の設備と規模の大きさに必要な製造技術が習熟できていなかったこと、高炉の規模に比べて鉄の需要がまだ少なかったこと、それらにより生産コストが高くなったことなどが、その原因として考えられる。結局、一八八〇（明治一三）年の操業開始からわずか三年で廃業を余儀なくされてしまった。

しかし製鉄業の挑戦はなおも続く。官営釜石製鉄所は、東京の鉄問屋、田中長兵衛に払い下げられた。田中らは官営製鉄所の高炉が大きすぎたとして小規模の高炉を建設し直し、その設備で試行錯誤を積み重ねた末、一八八六（明治一九）年に操業再開にこぎつけた。

この間、操業を試みては失敗を繰り返し、その回数は四九回に及んだという。明治の実業家たちがいかにチャレンジ精神にあふれていたかを物語っている。と同時に、この小規模な高炉からスタートするというやり方は、大島が提案していたものでもあった。大島本人は釜石を去ったが、その思想は受け継がれたと言える。

操業再開に成功した田中らは同製鉄所を、それまでの個人事業の延長から発展させ「釜石鉱山田中製鉄所」として会社組織を設立した。田中製鉄所はその後、何度かの社名変更などを経て、後述するように一九三四（昭和九）年に日本の官民の製鉄会社が大同合併して発足した「日本製鉄」に合流し、同社の釜石製鉄所となった。これが戦後の新日本製鉄（現・新日鉄住金）釜石製鉄所となる。

釜石から八幡へ――技術をつなぐ――

日本製鉄の中核となったのは、官営だった八幡製鉄所。官営八幡製鉄所は一八九七（明治三〇）年に建設開始、一九〇一（明治三四）年に操業を開始したが、その際に釜石の田中製

復興進む釜石の町(2015年10月に撮影)

鉄所は多数の技術者や熟練労働者を八幡に派遣して支援したほか、鉄鉱石を供給している。また八幡製鉄所の初代技監に就任したのが、大島高任の長男・大島道太郎（一八六〇～一九二一年）だ。

こうして日本の鉄鋼業は人材面でも技術面でも、薩摩藩の反射炉から水戸藩の反射炉、そして大島高任をキーパーソンとして釜石の橋野高炉から官営釜石製鉄所、田中製鉄所、そして八幡へと継承されていったのである。

なお大島高任は釜石を去ったあと、引き続き工部省鉱山局の幹部として活躍した。佐渡など主要な金・銀・銅鉱山の指導監督にあたり鉱山開発を進めた。鉱山労働者の訴えにも耳を傾け、その待遇改善と鉱山の近代化にも力を尽くしている。晩年には東京に住んで余生を過ごし、一九〇一（明治三四）年に七六歳で亡くなった。

現在、ＪＲ釜石駅前には大島高任の銅像が建てられており、その横手の道路の向かい側に新日鉄住金釜石製鉄所がある。この銅像は二〇〇二年一二月一日に高任の没後一〇〇年を記念して、かつ「鉄の記念日」に建立されたものだ。それから八年余り経った二〇一一年三月一一日、釜石は東日本大震災で津波に襲われ甚大な被害を受けた。このとき、津波は大島高任像の足元まで押し寄せてきたが、ギリギリのところで被害を免れたという。

釜石の町では復興事業が急ピッチで進んでいる。津波で破壊された海岸部の道路や鉄道は復旧し、ビルや住宅なども再建されて街並みは一見すると元の姿に戻りつつあるように見える。しかし本当の再建にはなお時間がかかることが予想される。

先人たちが困難を乗り越えて鉄鋼業を発展させてきたように、釜石の町が復興を成し遂げ元気になることを願わずにいられない。

最大の国家的プロジェクト、官営八幡製鉄所の建設

さて、明治政府が釜石で官営製鉄所の経営に挫折したことは前述のとおりだが、その後の鉄道敷設の全国的拡大や造船業の発展など産業近代化に伴い鉄鋼需要が急増していた。釜石製鉄所の創業当時とはケタ違いの需要量に達していたのである。当時は鋼材のほとんどを輸入していたが、鉄鋼の本格的な自国生産が国家的急務となっていた。一八九四(明治二七)年に日清戦争が始まったことで、国防上の観点からも製鉄所設立の機運が高まっていった。

そこで政府は、新たに大規模な官営製鉄所を建設する方針を打ち出した。一八九五（明治二八）年、第二次伊藤博文内閣のときだ。当初は多数の候補地が上がっていたが、段階的に絞り込んだ結果、翌年、福岡県遠賀《おんが》郡八幡村（現在の北九州市）に決定された。

当時の八幡村は人口一二〇〇人程度の小さな漁村だったが、産炭地が近く地価が安いなどの理由から選ばれた。このとき、地元は熱心な誘致活動を展開している。その中心となったのが、炭鉱経営などの実業家で後に安川財閥の創始者となる安川敬一郎で、彼は岩崎弥之助や渋沢栄一、大隈重信ら政財界の有力者に直接間接に働きかけ、誘致を実現した。

一方、初代技監に大島高任の長男・道太郎が任命された。父が近代製鉄の生みの親となって産業革命の基礎を作り、息子が近代製鉄の確立と産業革命の完成を担う——まさに親子二代で成し遂げた大事業、運命のめぐり合わせだ。道太郎は当時三七歳。二〇歳前後の頃、父と同じドイツの鉱山大学に留学して、帰国後は政府の鉱山・精錬技師としてすでに活躍していた。大島親子はともに江戸時代の生まれだが、英語とドイツ語に堪能で、二人の手紙のやり取りは英語だったというエピソードも残されている。

官営製鉄所の八幡立地が内定すると、道太郎は建設の実行計画策定と設備発注のため欧米視察に出かけた。道太郎は各国の製鉄所を比較検討し、日本と需要構造が似ていて技術的にも優れているドイツの技術を導入することを決断した。このとき、道太郎自身と父親のかつての留学先の鉱山大学を訪ね、恩師からドイツの大手製鉄・機械メーカーのグーテホフヌンクスヒュッテ（GHH）社を推薦されている。それもあって、同社に設計と機械調達を依頼することにした。

こうして一八九七（明治三〇）年に八幡製鉄所の建設が始まった。同製鉄所の高炉は日産一六〇トンの二基体制で、官営釜石製鉄所（日産二五トンの高炉二基）とはケタ違いの規模だった。高炉で生産された銑鉄を加工・鋼材製品化する工場や関連設備なども揃え、当時としてはアジア最大の一貫製鉄所である。三年後にまず第一高炉が完成し、翌一九〇一（明治

福岡県八幡村に建設中の官営八幡製鉄所。画面左手奥の煙突状の建物が第一高炉（1899年撮影）　©新日鐵住金八幡製鐵所

三四）年に火入れが行われた。同年一一月には「作業開始式」が行われ、天皇の名代として伏見宮貞愛《さだなる》親王を主賓として農商務大臣、国会議員、各界有力者ら一〇〇〇人が出席したという。官営八幡製鉄所の操業がいよいよ始まったのだった。

第一高炉の完成間近だった一九〇〇年には、伊藤博文が盟友の井上馨とともに視察に訪れている。その際の記念写真は教科書にもよく掲載されている（カバー写真および次ページ写真参照）。伊藤と井上を真ん中に、技監・大島道太郎らの技術者たち、地元の経済人や筑豊炭鉱の関係者たちなどが勢揃いしたこの写真は、日本の近代化に邁進していた人たちの姿を文字どおり映し出しており、当時の人たちの熱いエネルギーが伝わってくる。

完成間近の官営八幡製鉄所第一高炉前の記念撮影。前列中央に伊藤博文がいる（1900年撮影）　©新日鐵住金八幡製鐵所

試練を克服し、ドイツの技術を国産化

こうして操業を開始した八幡製鉄所であったが、実は操業開始後しばらくの間は苦闘の連続だった。思うように生産量が上がらず高炉の生産能力の半分以下にとどまり、加えて操業コストが予想以上にかさんで資金不足に陥った。このため火入れから一年半後の一九〇二（明治三五）年七月に第一高炉の操業を止めざるを得なくなったのである。

高炉の構造に問題があったこと、日本人が先進設備の操業技術に未熟であったことなどが原因とみられる。この責任を問われた製鉄所長官は更迭され、技監の大島道太郎もしばらくして休職処分を受けた。

製鉄所では操業を休止して、炉内の構造を修正し操業方法も改善するなどして、二年後の一九〇四（明治三七）年四月に再び火入れを行い操業を再開した。しかしそれもうまくいかず、わずか一七日後に二度目の操業休止に。一時は「万事休すか」と思われた。こうした事態に政府内や議会では「我が国に製鉄事業が成り立つのか」といった議論まで飛び出たほどだった。

しかしそれでもあきらめずに改善を重ね、同年七月の三度目の火入れでようやく安定した操業ができるようになったのだった。その翌年には第二高炉も完成して火入れを行い、八幡製鉄所の生産は増加していく。

この過程ではもう一つの苦難にも直面した。製鉄所ではドイツからの技術導入にあたり約二〇人のドイツ人技師を雇ったのだが、高給でなければ雇い入れることができなかった。『八幡製鐵所八十年史』（新日本製鉄八幡製鉄所）によると、当時の製鉄所長官の給料が六〇〇〇円だったのに対し、ドイツ人の最高職位の給料はなんと一万九二〇〇円だった。ドイツ人の職工でも三六〇〇円で、日本人職工の四倍あったほどだ。その一方で、彼らは日本人技師や職工たちとたびたびトラブルを起こし、日本人に暴力をふるうこともあったという。ドイツ流を押しつけようとして指導に弾力性がなかったこと、言葉の壁による行き違いなどが原因と言われている。

そんな中、前述の操業休止中に日露戦争が起き、ドイツがロシア寄りだった影響もあって、ほとんどのドイツ人技師が帰国してしまった。このため、二度目の火入れは日本人技術者だけで行わざるを得なかった。

しかし逆に見れば、そうした試練を乗り越えることで、日本人が技術力を自分のものにしていくことができたと言える。ドイツ人技師も技術指導自体については熱心に行っており、日本人の技術習得に貢献したことは間違いない。そのような過程を経て、日本の鉄鋼技術が確立したのだった。

この時期の危機を乗り超えたことについて、『八幡製鐵所八十年史』は「今にして思えば、当所（八幡製鉄所＝筆者注）ひいては日本鉄鋼業が今日ある姿への発展の道をたどるか否か、そのいずれかを決する運命の岐路であった」と振り返っている。

第一高炉の安定操業と第二高炉の操業開始を果たした八幡製鉄所は、さらなる鉄鋼需要の増大に応えるため、続いて第三高炉の建設に取りかかった。これもドイツＧＨＨ社の技術をベースにしてはいたが、実際の設計・建設ともに日本人の手によって行われた。初の国産化と言える。操業開始は一九〇九（明治四二）年で、すぐに安定的な操業ができるようになり、その翌年には八幡製鉄所は黒字を達成した。操業開始から一〇年目にして初の黒字だった。ここに日本の産業革命は完成したのである。

四施設が世界遺産に——現在も一部は稼働中——

現在の新日鉄住金八幡製鉄所には、その頃の設備が現存している。旧本事務所、修繕工場、旧鍛冶工場、遠賀川水源地ポンプ室の四つで、「明治日本の産業革命遺産」の構成資産として世界遺産に登録された。

それらの概要を紹介しよう。

▼旧本事務所
官営八幡製鉄所の建設開始から二年後の一八九九（明治三二）年、高炉の操業開始に先駆けて完成した建物だ。赤煉瓦造り二階建ての洋風建築で、中央上部はドーム状の屋根となっており、建物全体が左右対称の美しい外観を見せている。屋根は日本瓦葺きで、西洋と日本の建築様式を融合している。

建物の内部には長官室、技監室、外国人顧問技師室などがあり、同製鉄所の中枢機能を担っていた。一九二二（大正一一）年まで本事務所として使用されていたが、新しい本事務所が完成したため研究所や検査部門などに利用されていた。

▼修繕工場

製鉄所で使用する機械類や部品の製作加工と修理を行う施設で、ドイツＧＨＨ社の設計と鋼材で建設された鉄骨造りの建物。完成は一九〇〇（明治三三）年で、現存する日本最古の鉄骨造り建築物である。

鉄鋼生産量の拡大に伴って三回にわたって増築されたが、工場は一一〇年以上経った現在も現役で稼働しており、創業時に設置された天井クレーンが今も使われている。

▼旧鍛冶工場

これも修繕工場と同じくＧＨＨ社の設計と鋼材を用いて同じ年に完成した鉄骨造りの建物。操業開始時に当時としては超大型の三五〇トン水圧プレスなどが設置され、大型のハンマーや機械の架台など製鉄所建設に必要な鍛造品を製作するのに使われた。何度かの拡張や移築を経て、製品検査所として使用され、現在は史料室として利用されている。

官営八幡製鉄所・旧本事務所 ©新日鐵住金八幡製鐵所

官営八幡製鉄所・修繕工場（現在も稼働している）　©新日鐵住金八幡製鐵所

官営八幡製鉄所・旧鍛冶工場　©新日鐵住金八幡製鐵所

遠賀川水源地ポンプ室（現在も稼働している）　©新日鐵住金八幡製鐵所

▼遠賀川水源地ポンプ室

製鉄所では大量の工業用水を必要とする。操業当初は近隣の貯水池や製鉄所構内の貯水池の水を利用していたが、製鉄所の能力拡張に伴い工業用水の確保が必要となった。そこで、約一一キロ離れた遠賀川の東岸に新たに水源地のポンプ室を設置し、ここから製鉄所まで送水するためのパイプラインを敷設した。完成は一九一〇（明治四四）年。

当初は石炭ボイラーと蒸気ポンプが設置されたが、昭和に入ってポンプの動力は蒸気から電気に変わった。ポンプも新しいものに取り換えられたが、現在でも八幡製鉄所に水を供給し続けている。また建物は、赤煉瓦造りの外壁や屋根の鉄骨構造が操業開始当時のまま今でも残っており、当時の面影を残している。

日本経済の底力を示す八幡製鉄所

これらの施設に共通しているのは、いずれもドイツなど外国の技術を導入して作られたが、その後の何度かの失敗や試行錯誤を繰り返しながら、設備の改造や拡張などを経て、製鉄技術を自前のものに発展させていったことである。まさに日本の産業革命の発展過程を体現しているもので、この点が世界遺産としての価値を高める要素となっている。しかも修繕工場と遠賀川水源地ポンプ室は完成から一〇〇年以上も経った現在も稼働しているのである。三菱重工長崎造船所の世界遺産と同様に、日本のモノづくりの水準の高さを象徴するものであり、日本経済の底力を実感する。

ただ、これら四つの施設は現・新日鉄住金八幡製鉄所の敷地内にあり、かつ稼働中の施設も含まれるため、残念ながら一般公開されていない。旧本事務所だけは、少し離れた場所から外観を見ることのできる展望所が設けられているが、間近で見ることはできない。この点は、第六章の三菱重工業長崎造船所内の世界遺産施設も同じで、せっかくの世界遺産であり、今日の日本の産業発展の原点を示すものであるだけに、惜しい気がする。

官営八幡製鉄所・旧本事務所は、現在の新日鉄住金八幡製鉄所の敷地近くに設置された展望所から見ることができる

さて、八幡製鉄所は明治末期から大正、さらに昭和初期にかけて高炉をさらに相次いで増設し、六基体制となった。工場も戸畑《とばた》地区や洞岡《くきおか》地区などへ拡張され、こちらにも高炉が建設された（これに伴い、従来の第一～第六高炉は東田《ひがしだ》第一～第六高炉と改称された）。

会社としては一九三四（昭和九）年、官営八幡製鉄所と民間製鉄所六社の大同合併で「日本製鉄」となり、ここで官営釜石製鉄所を引き継いで民間会社となっていた釜石製鉄所も日本製鉄の一事業所となる。

日本製鉄は戦後、八幡製鉄、富士製鉄などに分割された後、一九七〇（昭和四

1972年に操業を終了した八幡製鉄所東田第一高炉跡。操業開始の年「1901」が今なお表示されている（北九州市）

五）年に合併して新日本製鉄となり、その間、八幡製鉄所は戦後復興期から高度成長期の主役であり続けた。新日鉄は二〇一二（平成二四）年に住友金属工業と合併し、現在の新日鉄住金となっている。

この間、釜石製鉄所の高炉は一九八九（平成元）年に停止し、現在は特殊鋼線材の生産拠点となっている。八幡製鉄所の東田第一～六高炉も一九七二（昭和四七）年、戸畑地区の最新鋭高炉への集約などに伴い操業を停止した。

現在、東田第一高炉の跡は北九州市の管理のもとに保存されている。世界遺産ではないが、市の文化財に指定されており、自由に見学できる。ただし第一高炉は操業開始後から昭和年間まで一〇回にわたり改修による設備増強が行われたため、現在見ることのできるのは創業当時のものではなく、その一〇回目の改修によって操業していた〝最後〟の高炉だ。

今でも高さ七〇メートルの炉がそびえ立ち、最上部には創業の年である「1901」と大きく書かれた表示も残されている。炉の下のほうでは内部をのぞくことができる。転炉、熱風炉なども保存展示されており、鉄の製造工程や同製鉄所の歴史を体験できる。

以上、佐賀や鹿児島、萩、韮山、水戸の反射炉から釜石の高炉へ、そして八幡で完成という製鉄の足跡。それらを訪ね歩くと、試行錯誤を繰り返した幕末の黎明期から、明治の産業革命の主役となった製鉄業発展の過程がよくわかる。

鉄は、かつて「産業の米」と呼ばれ、「鉄は国家なり」と言われた時代もあった。近年は産業構造の変化によって製鉄業の比重はかつてに比べれば低下しているが、それでも鉄があらゆる産業の基礎資材であることに変わりはない。常にそのど真ん中にいた八幡製鉄所こそ明治日本の産業革命と製造業発展の象徴的存在である。

産業革命期の鉄鋼業の歴史

西暦	和暦	釜石	八幡
1854	嘉永7	盛岡藩士・大島高任、水戸藩の反射炉建設を指導	
1857	安政4	大島、大橋に洋式高炉を建設	
1858	安政5	大島、橋野に高炉建設	
1860	万延元	橋野高炉増設、3基に	
1871	明治4	大島、岩倉使節団に参加しドイツに留学	
1873	明治6	大島帰国。官営製鉄所の建設調査・立案に参加	
1874	明治7	明治政府、官営釜石製鉄所の建設着工	
1880	明治13	官営釜石製鉄所操業開始	
1883	明治16	同製鉄所廃業	
1886	明治19	田中長兵衛ら民間人による操業再開	
1887	明治20	釜石鉱山田中製鉄所が発足	
1897	明治30		官営八幡製鉄所の建設開始
1899	明治32		同製鉄所旧本事務所竣工
1900	明治33		修繕工場、旧鍛冶工場竣工
1901	明治34	技術者7人を八幡製鉄所に派遣	同製鉄所が完成、火入れ
1910	明治43		遠賀川水源地ポンプ室竣工
1924	大正13	三井鉱山の傘下入り、釜石鉱山に社名変更	
1934	昭和9	官民の製鉄会社が大同合併、日本製鉄（現・新日鉄住金の前身）発足	

対象となる世界遺産（鉄鋼関連）

橋野鉄鉱山（岩手県釜石市）
盛岡藩士・大島高任が1858年に建設開始。3つの高炉跡がある。 現存する日本最古の洋式高炉跡。1894年まで稼働した
官営八幡製鉄所　旧本事務所（福岡県北九州市）
官営八幡製鉄所の本社機能を担った建物。1899年完成（一般非公開）
官営八幡製鉄所　修繕工場（福岡県北九州市）
1900年完成。機械・部品の修理・加工を行う工場で、現在も稼働（一般非公開）
官営八幡製鉄所　旧鍛冶工場（福岡県北九州市）
1900年完成。製鉄所建設に必要な鍛造品の製造工場（一般非公開）
官営八幡製鉄所　遠賀川水源地ポンプ室（福岡県北九州市）
製鉄所で使う工業用水確保を目的に1910年に完成。現在も稼働（一般非公開）

第八章
産業革命のエネルギーを支えた石炭産業
——育ての親・團琢磨——

石炭産業育ての親であり、後に三井財閥の総帥となった團琢磨

明治初期の端島——開発に挑戦するも失敗の連続——

軍艦島がここ数年ちょっとしたブームになっている。今は廃墟になっているこの島こそ、明治の産業革命とその後の近代化、そして戦後の高度経済成長を支えた存在だった。世界遺産「明治日本の産業革命遺産」には、軍艦島のほか、同じ三菱の経営だった高島炭坑、三井の三池炭鉱の関連資産などが登録されている。今では衰退産業となった石炭だが、これらの遺産を巡ると、石炭産業が果たした役割の大きさと先人たちの苦闘の跡が見えてくる。

日本の近代的炭鉱開発は長崎の高島炭鉱から始まった。長崎港の沖合にある高島では江戸時代の一七世紀末頃に石炭が発見され、手作業で細々と採掘していたが、幕末に佐賀藩とトーマス・グラバーが共同で近代技術による炭鉱開発をスタートさせた。そのときに掘られた最初の洋式坑口、北渓井坑跡が「高島炭坑」として世界遺産に登録されている。その後、一八八一(明治一四)年に三菱が買収し、炭鉱の島として発展していったことはすでに述べたとおりである。

海上から見た端島。この姿が軍艦「土佐」に似ていることから、「軍艦島」と名付けられた

その高島から、さらに南西約四キロの海上に浮かぶ小さな島が通称、軍艦島だ。海から見た島のシルエットが軍艦「土佐」に似ていることから名づけられた。正式には端島という。

端島での石炭発見は江戸時代後期の一八一〇（文化七）年と言われているが、岩礁にわずかに露出した石炭を漁師が片手間に掘っていた程度だったという。江戸時代には、佐賀藩の支藩の深《ふか》堀《ほり》鍋島藩とそれに隣接する幕府の天領地が端島の領有をめぐって対立したと伝わっており、それが一因となったのか、開発はあまり進んでいなかった。

明治になると、深堀鍋島家や民間の事業家の何人かが本格的な採掘を試みるようになった。しかしいずれも技術的な問題や台風の影響などのため失敗に終わっている。

そこで、天草出身の小山秀之進が開発に挑戦し始めた。グラバー邸を建築した大工の棟梁である(第五章参照)。その縁で小山はグラバーに誘われて高島炭鉱の共同出資に参加していたが、グラバー商会が倒産したため小山も高島炭鉱の経営から撤退、次に端島の開発に乗り出したのだった。小山は開発資金集めに奔走するとともに、自分の私有地と家督を抵当に入れて借金したという。しかし開業直前になって台風が襲来、炭坑が水没するなど大きな被害を受けて、結局断念に追い込まれた。多額の借金を背負ったまま、小山は失意のうちに出身地の天草に引っ込んでしまう(小山はこの後、もう一度登場することになる)。

三菱が買収、本格開発始まる

端島の炭鉱開発はなかなか軌道に乗らなかったが、やがて別の業者がようやく最初の竪坑の開削に成功した。非常に小さな島であり炭層が島の真下にあることから、当初から竪坑方式が採用されたもので、次第に炭鉱としての形が出来上がっていった。

そこで当時の所有者だった深堀鍋島家が端島を三菱に譲渡することを決めた。一八九〇

（明治一三）年のことだ。三菱は当時二代目社長、岩崎弥之助の時代。すでに創業者の弥太郎が高島炭鉱を買収していたのに続いて、二代目の弥之助が端島を買収し、本格的に炭鉱開発に乗り出したのだった。三菱は端島を高島炭鉱の支鉱とし、すでに完成していた竪坑（第一竪坑）で操業を開始した。翌年には出炭が始まり、採掘は順調に伸びていった。

三菱が買収してから五年後の一八九五（明治二八）には第二竪坑、その翌年には第三竪坑と相次いで竪坑が開削する。このうち第二竪坑は端島の主力坑となり、昭和に入り六三六メートルまで掘り下げが進んだ。

竪坑は、鉱員の昇降や石炭の荷揚げ、坑内の通気を行うための垂直の穴で、鉱員はゲージ（箱状の昇降機）に乗って竪坑を下まで降り、そこから水平または斜めに石炭を掘り進んでいく。採炭現場のことを切羽《きりは》と呼ぶが、そこはもう海底のはるか下になる。地下には何本もの坑道が伸び、その範囲も二キロメートル四方以上に及んでいたという。

竪坑の真上には竪坑櫓が建ち、その頂上部に大きな滑車を取り付け、滑車に巻き付けた太いワイヤロープがゲージを昇降させていた。ワイヤロープは滑車を経由し巻揚機によって引っ張られてゲージを昇降させたが、その巻揚機を動かす動力は当初は蒸気機関を使っていた（大正時代に電力に代わる）。

竪坑櫓の中でも最も大きかった第二竪坑櫓の高さは四七メートルに達していた。この姿が船のマストにも見えて、軍艦島らしさの一つとなったという。現在の島には、第二竪坑の櫓そのものは残っていないが、その坑口に鉱員が入るための階段が崩壊を免れて残っている。

島を埋め立て三倍に拡張、人口密度は東京の九倍に

石炭の生産拡大に伴い、島自体も拡張していった。当初の端島は南北約三二〇メートル、東西約一二〇メートル程度で、面積は約二ヘクタールだったが、明治年間に五回、昭和に入って一回の合計六回にわたって埋め立て工事が行われ、島の大きさは南北四八〇メートル、東西一六〇メートル、面積は六・三ヘクタールと約三倍になった。これでも周囲一・二キロという小さな島ではあることに変わりはないが、ほとんど岩礁だった島が、石炭の島に生まれ変わったのである。島周辺の海は深いが、周りにある岩礁をうまく利用し、採炭によって出てくるボタを使って埋め立て工事が行われたという。

端島で採れる石炭は硫黄分が少なく日本一と言われたほどの高品質で、明治後期には官営八幡製鉄所に原料炭を供給した。隣の高島炭鉱とともに、日本の鉄鋼業、そして産業全体を支える存在となっていったのだった。大正年間には、さらに新しい竪坑として第四竪坑も

軍艦島に1916(大正5)年に建設された日本初の鉄筋コンクリート造りアパートの跡

軍艦島に残るアパート、
学校などの跡

軍艦島の主力だった第二竪坑の坑口の跡。桟橋などがかろうじて残っている

作られ、一~四竪坑がフル稼働していく。このうち第二竪坑と第四竪坑が、一九七四(昭和四九)年の閉山まで稼働した。

石炭の生産拡大とともに、島に住む住民は飛躍的に増えていき、住宅が次々と建設されていった。やがて一九一六(大正五)年に鉄筋コンクリート造りのアパートが建設された。当時は鉄筋コンクリート造りの建物自体の建設が始まったばかりの時期であり、集合住宅に鉄筋コンクリートが使われたのはこれが初めてだった。当初は四階建てだったが、その後に増築されて七階建てとなり、一四〇戸が入っていた。

この最初の高層鉄筋コンクリートアパートの建物は現在も残っており、島内の見学コース(後述)から少し離れた所に見ることができる。外側からは四角い建物に見えるが、その内側の中央部はロの字型の吹き抜けになっており、そのまわりを廊下と階段が取り囲み、各戸の住宅が並ぶ構造になっている。また隣のアパートと渡り廊下で結ぶなど、当時としては非常に斬新な設計になっている。この渡り廊下はこの後に建てられた高層アパートのすべてに設けられるようになり、これを使えば、雨の日でもほとんど濡れることなく島内のどの住宅へも行けたという。

島内には多数の高層アパートが立ち並んでいた。現在は廃墟となっているものの、大正から昭和初期の集合住宅の遺構として文化的価値にも注目されている。

島の人口は明治時代には二〇〇〇人、大正時代には三〇〇〇人を超え、昭和の最盛期の一九六〇年には約五三〇〇人まで増えた。狭い島に高層アパートが林立し、人口密度は東京二三区の九倍以上に達していた。

世界初の海底水道——生活環境整備に知恵を結集——

生活環境の整備も進んだ。まず最大の課題は水の確保である。島には川や池がなく湧き水も出なかったので、まず真水の確保から始めなければならなかった。そのため三菱は製塩工場を建設して、製塩工程から蒸留水を精製した。会社が従業員にあらかじめ家族数に応じた「水券」を支給し、それを引き換えに蒸留水を配給したという。

昭和に入ってからは水券と並行して、船が真水を島に運ぶようになった。しかしそれでも人口増加により水不足は続いたようで、戦後になって対岸の野母半島と端島を結ぶ海底水道を敷設して、ようやく水不足問題が解決する。海底水道の敷設は世界初だという。

水と並ぶインフラである電力については、当初は島内に発電所を作ったが、大正年間に高島から海底電線ケーブルが敷設され電力をまかなうようになった。

三菱はまた島の住民の足として、社船「夕顔丸」を就航させた。同船は、三菱が官営長崎造船所を買収して以後、初めて建造した鉄船で、以後、一九六二（昭和三七）年まで七五年にわたり就航した。これは日本の定期船の最長運航記録である。

台風との戦いと厳しい労働環境

このように、明治の人たちは知恵を結集し新しいことに挑戦した。このことが島の発展の原動力となっていた。しかしその反面、炭鉱の仕事と暮らしは厳しい気候と労働環境、それに危険と背中合わせだった。

まず厳しい自然との戦いである。端島は外海に位置するため、普段から風や波が荒く、船が欠航すると長崎本土から生活用品が届かなくなる。そのうえ台風が襲来すると高波が襲いかかり、毎回のように多くの被害が発生した。そのため、島の四方を囲む高さ一〇メートル・幅二メートルの護岸を造っている。当初は、石と石の間を、石灰と赤土を混ぜ合わせた天川《あまかわ》という凝固剤で固めて積み上げる工法で造り、後にコンクリートで固めて造ったのだが、この護岸が軍艦のような景観を作り出している。

だがそれでも台風によって護岸そのものが一部崩壊したり、木造建物が破壊されるなどの被害を何度も出している。島唯一の船着き場の桟橋が何度も流失し、炭坑施設まで海水が浸水したこともあった。軍艦島の歴史は台風との戦いの連続でもあったのだった。

これに厳しい労働環境が加わる。地下数百メートルの坑道の中で力仕事を八時間（戦前は一二時間）続けるのだから、大変な仕事である。そのうえ、出水や落盤事故、ガス爆発などの危険がつきまとう。実際、何度か事故が起き、死亡者も出ている。日本の産業発展の陰で、こうした炭鉱マンたちの多くの血と汗が流されていたことを忘れてはならないだろう。

しかしその歴史をすべて暗いイメージだけで語ることは適切ではない。端島の開発に携わった先人たちは多くの苦労と試練を乗り越えて近代的炭鉱として発展させ、生活環境整備もゼロから立ち上げてきた。その結果、軍艦島はむしろ日本で最も生活水準の高い地域になったという事実にも目を向けるべきである。

豊かだった島の生活――「日本一」「日本初」「世界初」続出――

軍艦島には「日本一」や「日本初」あるいは「世界初」と言われるものが数多くあった。

日本初の鉄筋コンクリート造りのアパート、世界初の海底水道敷設などは前述のとおりだが、昭和の時代になるとテレビの普及率が日本一となっていた。軍艦島出身者らの記録によると一九五八（昭和三三）年にはほぼ一〇〇パーセントに達していたという。この年は東京タワーが完成した年で、全国平均ではまだ一〇パーセント程度だった時代である。しかも当時のテレビは数万円もする高額商品で、当時の一般サラリーマンの平均月収の二〜三倍に相当していたことを考えると、かなり生活水準が高かったことがうかがえる。実際、給与水準は一般のサラリーマンに比べてかなり高かったという証言もある。

そのうえ、アパートの家賃は昭和三〇年代までは無料だった。昭和四〇年代には有料となったが、それでも一カ月二円（「端島（軍艦島）における聞き取り調査及び現地調査」『長崎大学工学部研究報告』第三五巻第六四号）。これは島全体が三菱の所有で住居は社宅との考えによるもので、水道代や共同浴場代も無料、電気代・プロパンガス代もほとんどタダという徹底ぶりだ。

ほとんどのアパートの屋上には庭園や農園があったという。島には緑がなかったため、いわば苦肉の策でもあったと言えようが、これも明治末期に建てられた木造アパートの屋上に庭園が造られたのが始まりとされており、これが日本初の屋上庭園だという。また島では当初は三菱の社立尋常小学校（後に公立に移行）から始まって、中学校、幼稚園、共同浴

軍艦島の目抜き通り。同島に立ち並ぶ高層アパートに最大で約5300人が住み、一大コミュニティを形成していた　©長崎文献社

場、病院などの公共施設が作られ、美容院、理髪店、各種商店や飲食店など生活に必要な施設から、映画館、パチンコ店などの娯楽関連、さらにはお寺まであった。日常生活のほとんどのことは島の中でまかなえるようになっていたという。

軍艦島では、島民同士のコミュニティも形成されていたようである。前掲の『研究報告』には「人と人の繋がりの思い出が一番ある」「端島には電話が二箇所くらいしかなくて、そこに電話があると、誰かが伝えてくれてるんですよ。わざわざ直接呼びに来るんじゃなくて、ことづけが自分のところに回って来るんですよ」など、島の生活を懐かしむ元島民のコメントが数多く紹介されている。狭い島であったこと、同じ炭鉱で働いているという仲間意識が働いていたのだろう。同報告は「端島に関わる人の多くが当時のことを話す際、とても嬉しそうに語っていた」と記している。

こうして見ると、軍艦島の人々は厳しい労働環境の中で狭い島でひしめき合って暮らしながらも、我々が想像する以上に経済的にも精神的にも恵まれた生活を送っていたと言える。かつて石炭は「黒いダイヤ」と呼ばれていた。その名のとおり、黒いダイヤが日本の近代化を支え、そこに働く人々の生活を豊かにしていったのだった。

往時の名残とどめる現在の軍艦島

しかしやがて石炭から石油へのエネルギー転換が進んだため、端島炭鉱は一九七四（昭和四九）年に閉山し、それに伴い軍艦島は無人となった。閉山後に島は開発されないままの状態だったことから今は廃墟となっているわけだが、そのことが炭坑施設の跡だけでなく住宅や商業施設から娯楽施設に至るまで島全体がほとんど当時のままで残される結果となっている。炭鉱の産業遺産がこのような形で現存するのは極めて珍しく、この点が世界遺産としての価値を高めているのである。

軍艦島は無人島となった後は立ち入り禁止となっていたが、現在は船会社が主催する「軍艦島上陸ツアー」の参加者に限って上陸・観光が可能となっている。数社が完全予約制でツアーを実施しているが、波が高くなると上陸が難しくなるため運航が中止になる日も多く、島に上陸できるのは年間で一〇〇日程度だという。

長崎港から上陸ツアーの船に乗ってみた。約一時間で島に到着するが、防波堤はなく、港もない。桟橋が一本あるだけだ。晴れていて天気が良いのに、その桟橋は波で大きく上下している。台風との戦いだったという歴史を垣間見た気がした。

上陸すると、崩れかけた炭坑施設や高層アパート、学校などの跡が目に入る。まさに廃墟だが、にぎわっていた往時をしのばせる。ただし、それらの崩壊の危険があり地面にがれきも散らばっているため、島内の一部の区域だけ見学コースが定められており、それ以外の場所は立ち入り禁止となっている。アパートなど建物の間近まで近づけないのは残念だが、それでもかつての繁栄を感じることができる。

近年の「廃墟ブーム」も手伝って、軍艦島は新たな観光地として注目を集めており、上陸ツアーはいつも満員だという。「明治日本の産業革命遺産」を構成する二三資産の中で、今や軍艦島が最も有名になった感がある。多くの人が軍艦島観光を通じて、石炭産業が日本の近代化に果たした役割と先人の技術力と知恵について理解を深めることを期待したい。と同時に、現存する遺構の老朽化が進んでおり、現在も崩壊の過程にあると言っても過言ではない。未来への遺産として保存をしっかりと進めていくことが課題となっている。

「軍艦島は奴隷島」だったのか？
――真実を伝える旧島民の声――

ところで、軍艦島をめぐる議論について触れておきたい。

二〇一五年七月にユネスコが軍艦島を含む「明治日本の産業革命遺産」の世界遺産登録を決定する際、韓国は「軍艦島などで第二次世界大戦中に朝鮮人が強制労働させられた」として執拗に反対した。また二〇一七年には、軍艦島で多くの朝鮮人労働者が虐待され殺されたとする韓国映画『軍艦島』が公開された。同映画はフィクションとされているが、朝鮮人労働者が無理やり働かされ、拷問を受けて全員が殺されかけたが、最後に島を脱出するという内容だという。

この映画に対し、旧島民またはその子孫で作る「真実の歴史を追求する端島島民の会」は声明文と嘆願書を発表した。同会には、太平洋戦争当時、炭鉱で働いていた人や小学生だった人が含まれており、まさに生き証人である。声明などでは同会の会員自らの体験をもとに、映画の内容やシーンが事実に反していることを具体的に指摘している。少し長くなるが、その内容の一部を紹介する。

・映画では少年を含む多くの朝鮮人労働者が日本兵に銃剣を向けられて働かされ殺されたというストーリーだが、太平洋戦争当時の軍艦島には警官が二人駐在していただけで日本兵は一人も駐屯していなかった。朝鮮人労働者の中には家族連れもいて、その子どもたちとは小学校で一緒に学んだ。子どもが働かされていたということはない。

・坑内では必ず五〜六人で構成される班単位で作業を行い、事故防止の観点から経験豊富な班長（ほとんどが日本人）の下に日本人だけのチーム、または日本人と朝鮮人の混成チームだった。映画で「朝鮮人労働者だけの作業班が大半だった」としているのは事実に反する。

・映画では、炭鉱会社の管理職や憲兵が朝鮮人労働者を電気ショックや針山の上を転がすなどの拷問を行い、それらを隠すため朝鮮人を坑道に閉じ込めて全員を爆殺しようとしたことになっているが、あの狭い島で拷問など見たことも聞いたこともない。坑道に閉じ込めて全員を爆殺するなど、荒唐無稽なつくり話にも程がある。多くの朝鮮人が殺されたなどということは断じてなかった。

映画だけではない。韓国では、一二歳の少年が軍艦島に強制連行され苦しめられたとする子ども向けの絵本も出版されているという。これらによって「軍艦島は奴隷島だった」という誤解が世界に広がろうとしている。

海外のメディアの中には韓国の主張や映画の内容を鵜呑みにした報道も見受けられる。欧州のある新聞は「中国や韓国の強制労働者一〇〇〇人以上が軍艦島で死んだ」「強制労働者の死体は海か廃坑に投げ入れられた」との記事を掲載した。これでは、当時の島の人口三千数百人のうちの三〇パーセントが死んだことになってしまう。もちろんその死体が海や廃坑に投げ入れられたなどという事実は存在しない。

しかも見過ごせないのが、日本人の一部にさえ、そうした誤解を持っている人がいるということである。

そこで「一般財団法人産業遺産国民会議」は「軍艦島の真実——朝鮮人徴用工の検証」というウェブサイトを新たに立ち上げた。同ウェブサイトでは、軍艦島についての誤った情報に対し元島民が自分の体験に基づいて反論し、誤りを正している。また当時の新聞や記録などもそのまま掲載しており、これを読めば軍艦島の真実がどうであったかを理解することができるはずだ。産業遺産国民会議では今後、英語と韓国語でも情報を発信していく考えだ。

軍艦島に対する悪意ある批判は別にして、それが誤解として拡散する背景の一つには、炭鉱の厳しい労働環境、事故の多発などのイメージが影響しているかもしれない。かつては炭鉱労働者が厳しい条件に置かれていたのは事実だが、その半面、前述のように、軍艦島では労働者の給料や生活水準は高かった。しかしこの側面が語られることは少ない。国内外を含めて多くの人が軍艦島と石炭産業についての正しい理解を深めていくことを望みたい。

官営三池炭鉱を払い下げ、三井が僅差で落札

さて、高島と端島の炭鉱が三菱の手によるものだったのに対し、三井が開発したのが三池炭鉱だ。三池地区（現・福岡県大牟田市周辺）では江戸時代から石炭の採掘が手作業で行われていたが、一八七三（明治六）年に官営となり本格開発が始まった。当初は国内向け需要がまだ少なかったため明治政府は三池炭の上海向け輸出に力を入れ、海外輸送と販売を

三井物産会社（現在の三井物産の前身）に一括委託する。これを持ちかけたのが当時の工部卿・伊藤博文、応じたのは三井物産の社長だった益田孝だった。これが三井と三池炭鉱の出合いとなり、後に三井物産が貿易商社として発展するきっかけにもなった。

やがて他の官営事業と同様、政府は三池炭鉱を民間に払い下げる方針を決めた。入札は一八八八（明治二一）年に実施されることになり、最低入札価格は四〇〇万円と告示された。この価格は当時の払い下げ価格としては異例の高額だったが、三井物産としてはそれまでせっかく三池炭の海外販売を手がけてきたのだから、ぜひとも落札して三池炭鉱を手に入れたかった。そこで三つの名義に分けて三段階の価格で応札し、最高額で四五五万五〇〇〇円とした。この入札には三菱グループも参加したが、結果はわずか二三〇〇円の差で三井が落札に成功したのだった。

三井が團琢磨をスカウト、三池炭鉱の責任者に

こうして三池炭鉱を手に入れた三井だったが、社内に鉱山経営の経験者がいないという問題に直面した。そこで益田は、新進気鋭の炭鉱技術者で旧知の間柄でもある團琢磨《だんたくま》（一八

五八～一九三二年）を迎えることにした。團琢磨の名は後年、血盟団事件で凶弾に斃《たお》れた人として知る人は多いが、團こそ日本の炭鉱産業発展の立役者となった人物であることは意外と知られていない。

團は一八五八（安政五）年に福岡藩士の家に生まれ、満一三歳の一八七一（明治四）年に旧藩主・黒田長知《ながとも》の随行員として岩倉欧米使節団に同行した。この若さで旧藩主の随行員に選ばれたのだから、優秀な少年であったことがうかがえる。

岩倉使節団は特命全権大使の岩倉具視を団長に、副使の木戸孝允、大久保利通、伊藤博文ら新政府の主だった首脳が顔を揃え、随行員や留学生を含め総勢一〇八人。この中には、第四章で登場した江川英龍の息子・英武や第七章で登場した大島高任もいた。一行には、帰国後に各分野で活躍した人材が揃っており、新しい国づくりへの熱気にあふれていた様子が想像できる。使節団は横浜港から船で太平洋を渡ってサンフランシスコに到着、その後は米国大陸を横断してワシントンなどに滞在した後、ヨーロッパ各国を歴訪した。

團はアメリカ大陸横断の途中、シカゴで一行と別れてニューヨーク経由でボストンに向かい、そのままマサチューセッツ工科大学（ＭＩＴ）に留学した。同大学では鉱山・冶金学を学び、留学期間は七年近くに及んだ。一八七八（明治一一）年に帰国、東京帝国大学助教授などをつとめた後、一八八四（明治一七）年に工部省に入り、同省管轄下の三池鉱山局の技師となっていた。

官営三池炭鉱の三井への払い下げが決まったのは、團が三池鉱山局の技師となって四年後、ちょうどニューヨーク出張中のことだった。自分の勤務先が三井に払い下げられるとの知らせをニューヨークで聞いた團は自分の帰るべきところがなくなったと考え、妻の兄で親友でもある金子堅太郎に相談した。金子はさっそく、筑豊炭鉱の開発を進めようとしていた福岡県の知事と話をつけ、團を鉱山技師として採用するとの内定を取りつけた。

ところが今度はその話を聞いた三井物産の益田が驚いた。『男爵団琢磨伝』(故團男爵傳記編纂委員會編纂、ゆまに書房)によると、益田はすぐに金子を訪ねて「三池を四百五十余万円に入札した中には團の身柄も含まれて居る、安馬知事(福岡県知事＝筆者注)との内約を取消してくれ」と懇願した。金子は「然らば月給は幾何支給するか」と問うと、益田は「一百円を出す」と答えたという。これは、團の工部省での月給七〇円の約三倍だった。こうして團の三井入りが決まった。

翌一八八九(明治二二)年の正月早々、三井は「三池炭鉱社」を設立、團をその事務長に据えた。このとき、團はまだ満三〇歳である。

三池炭鉱の排水対策、難航の末に解決

それほど高く評価されていた團であるが、ここから團の大活躍と同時に試練が始まった。團がまず取り組んだのは排水対策だった。炭鉱では地下深く坑道を掘り進んでいくと、必ずと言っていいほど起きるのが大量の出水だ。三池炭鉱は特に水が多く官営時代から苦労の連続だった。「一トンの石炭を掘るのに一〇トンの排水が必要」と言われたそうだから、いかに排水が難事業だったかがわかる。払い下げが決まったときに團がニューヨークに出張中だったのも、排水対策の解決策を見出すため実情視察に来ていたのだ。

團が三井入りしたとき、三池炭鉱では新しい主力坑となる竪坑の開削を進めていた。これは官営時代に着手していたものだが、異常出水に悩まされ工事は遅々として進んでいなかった。さらに追い討ちをかけるように熊本を震源とする大地震が起きる。その影響で激しい出水に見舞われ竪坑は水没してしまった。こうした事態に直面して、三井社内では炭鉱の存続そのものを危ぶむ意見や團の責任を問う声まで上がったという。

「排水問題を解決しないかぎり三池炭鉱の将来はない」と考えた團は、デビーポンプと呼ばれる新型の排水ポンプを英国から導入することを決断する。従来の排水ポンプは能力が出水量に追い付かず、しかも坑道の中に設置するものだったため増設しようとしても坑内が狭いため設置場所がない。これに対しデビーポンプの排水能力は大きく、蒸気機関の本体を地上に置いて坑内の水を吸い上げる方式だったので水没の心配もない。

しかし問題は非常に高額であったことだ。当時の三池炭鉱にはそれを自力で購入する資金力はなかった。そこで團は上京し、三井物産の益田に会って計画とその必要性を説明、ようやく資金を出すことに益田の同意を取り付けることに成功した。このとき、團は懐に辞表を忍ばせていたという。團にとっては進退を、三井にとっては社運を賭けたプロジェクトだったわけである。

こうして当時世界最大の馬力と言われたデビーポンプを二台導入し、ついに排水問題の解決にこぎつけた。英国人技師の指導の下でポンプの試運転を開始したとき、坑内の水が激しい勢いで排水溝に流れ出て、見守っていた人たちは思わず拍手して万歳を唱えたという。日本の石炭産業はこのような試練に何度も直面し、それを乗り越えて発展してきたのである。これこそが、まさに日本の近代化のプロセスだったと言える。

排水問題の解決で発展のきっかけをつかんだ三池炭鉱は、順調に石炭の生産を増やしていった。その後、三井は一八九二（明治二五）年に三井鉱山合資会社を設立、翌年には三井

万田坑のデビーポンプ室。第一坑口にあるもので、揚水量は1分間に300トンもあった。これによって坑内の水は常に坑外へ搬出された　©大牟田市石炭産業科学館

鉱山合名会社へと衣替えし、團は合名会社の専務理事に就任した。炭鉱の技術者から経営者へとステップアップしたのである。

團が次に取り組んだのは、新坑の開削だった。三池炭鉱には当時四つの主力坑があったが、事業の拡大への対応と排水対策の強化を目的に新たに宮原《みやのはら》坑、万田《まんだ》坑の開削に乗り出した。この二つの現存する遺構が世界遺産に登録されたものである。宮原坑は三年がかりの工事の末に一八九八（明治三一）年に第一竪坑が完成、その翌年には第二竪坑の開削に着手して一九〇一（明治三四）年に完成した。竪坑は深さ一六〇メートルに達し、第一竪坑は主として排水と揚炭、第二竪坑は人員の昇降

を主目的とした。両竪坑には最新鋭のデビーポンプを導入、坑内から水をくみ上げて排水した。これによって宮原坑は最新鋭大型設備を備えた主力坑となり、三池炭鉱を牽引した。

現在は第二竪坑の跡が残っている。高さ二二メートルの竪坑の櫓、人員運搬用の昇降機を動かすための巻揚機室などが現存し、デビーポンプを設置したポンプ室の壁の遺構がある。

團は宮原坑に続いて万田坑の開削に着手し、一九〇二(明治三五)年に操業を開始した。同坑の竪坑の深さは約二七〇メートルに及び、宮原坑を上回って三池炭鉱で最も深い竪坑となった。万田坑の遺構としては、第二竪坑の跡、鋼鉄製の櫓、煉瓦造りの巻揚機室、機械室、それにデビーポンプ室の一部などが現存する。巻揚機室には、外国製のウインチなどの機械、地元の三井三池製作所製の巻揚機などがほぼ当時のままで保存されており、建物内に入って見学できる。

宮原坑と万田坑は一部ではあるが炭坑施設が比較的よく残っている。そのため建物の内部や機械の目の前まで近づいて見学でき、当時の炭坑の様子を知ることができる。万田坑の遺構の隣接地にある万田坑ステーションには、三池炭鉱の各竪坑の位置を示した図や、海底深くまで掘り進められた数多くの坑道の模型が展示してあり、全体像をつかむことができる。

團が開削した宮原坑は三池炭鉱の主力坑となった。現在も、高さ22メートルの第二竪坑の櫓が残っている（福岡県大牟田市）

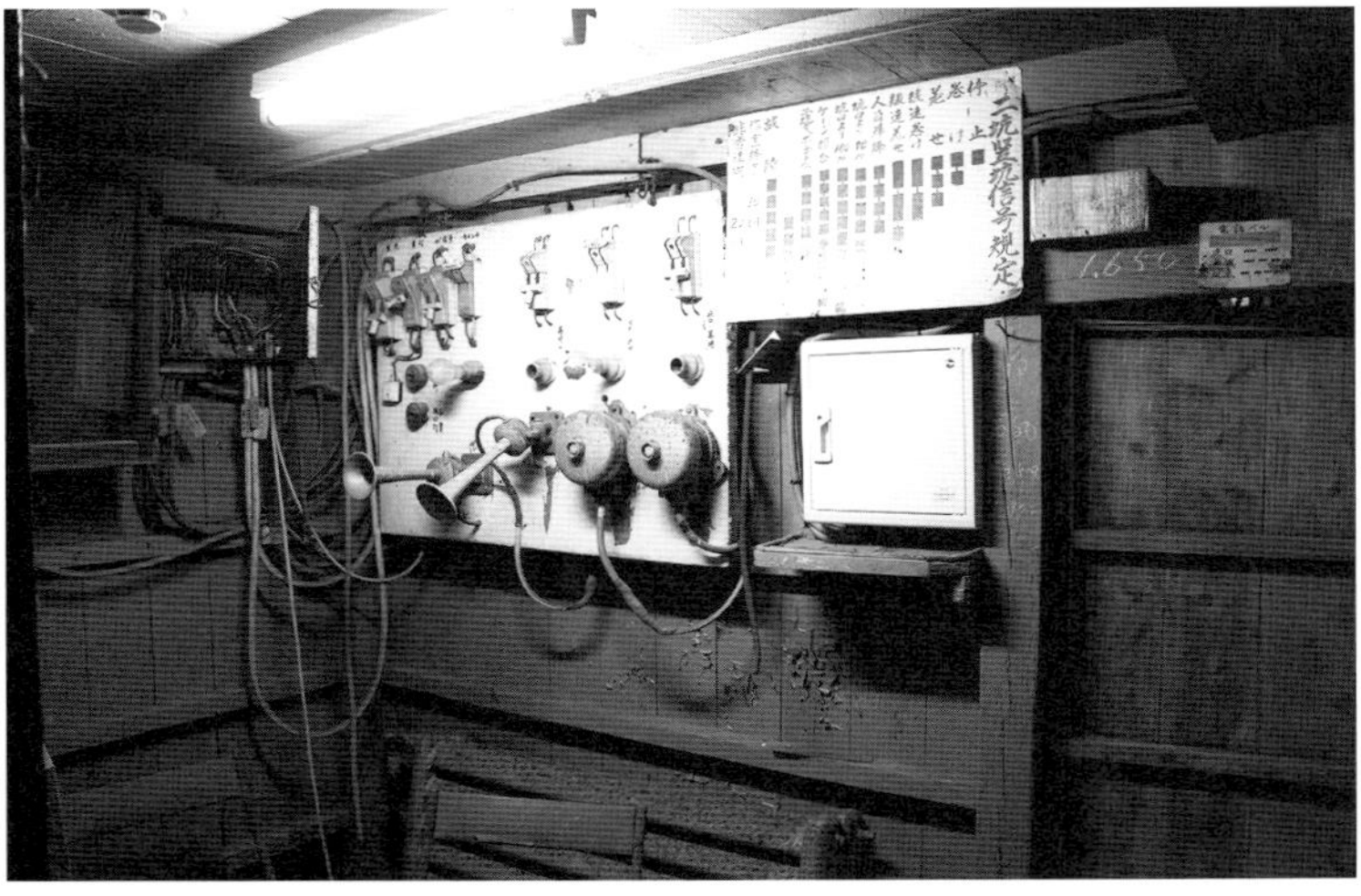

万田坑の坑口付近には、当時使用していた設備が今も残っている（熊本県荒尾市）

三池港築港、最先端の土木技術を結集

竪坑の開削と石炭生産の増加に対応して、本格的な石炭積出港が必要になってきた。それまで三池炭鉱で生産された石炭は、大牟田川河口から対岸の島原半島南端にある口之津《くちのつ》港まではしけで運び、そこで手作業で大型船に積み替えるという手間をかけていた。そこで團は、大型船に直接石炭を積み込める大規模港を大牟田に造ることを計画し、欧米の石炭積出港を視察して回った。

その成果の上に築かれたのが三池港である。大牟田が面する有明海は干満の差が五メートル以上と非常に大きく遠浅でもあるため、実は大規模港には適していなかった。そのため新しい港は、遠浅の有明海が運んでくる砂泥の流入を防ぐため長さ一八〇〇メートルに及ぶ防砂堤を築き、それに沿って船舶が外海まで航行できるような構造にした。

その堤の内側には広さ五〇万平方メートルの内港、さらにその内側には閘門《こうもん》式ドックを配置して、港内が潮の干満の影響を受けないようにした。閘門式ドックは観音開きの大型扉を開閉して海水をせき止め、干潮時でもドック内の水位を一定以上に保つことができる構造

で、これによりドック内では一万トン級の船舶の停泊・石炭の積み込みが常時可能となった。

埠頭には石炭を船に積み込む巨大な機械が設置された。この機械は、團が米国視察中に目にした選炭機をヒントに、三池の技術主任・黒田恒馬《つねま》と共同で設計開発したもので、團らの名前をとって「ダンクロ・ローダー」（團・黒田式石炭積み込み機）と呼ばれた。欧米の技術を導入しつつ、自力で技術力を発揮して発展させていく――日本の産業革命の特徴的な姿がここにも表れている。

三池港の完成は一九〇八（明治四一）年。当時の日本の最先端の築港土木技術を結集した名港と評された。三池港の上空からの写真を見ると、港全体が羽ばたくハチドリのような形状をしており、独特の美しいデザインとなっている点も見逃せない。

炭鉱・港・鉄道が一体化――「三池港は百年の基礎」――

三池港開港に合わせて、三池炭鉱専用鉄道も一九〇五（明治三八）年に三池港まで延長した。専用鉄道についてはすでに一八九一（明治二四）年に大牟田川河口の一部区間が開通し

三池港の建設工事。現在のような建設機械がまだなかった当時、工事は全て人力で行われた（1904年撮影）　©大牟田市石炭産業科学館

三池港上空からの古写真。画面中央の閘門によって、さらに内側の船渠にも大型船の接岸が可能となった　©大牟田市石炭産業科学館

閘門は水圧式で開閉して、内側の水位を8.5メートル以上に保ち、潮の干満に関係なく大型船が入港し接岸できた（1907年撮影）　©大牟田市石炭産業科学館

ていたが、その後、順次開通区間を広げ、三池炭鉱の各坑口や工場・社宅などを結び、石炭や資材などを運搬していた。最盛期には総延長一五〇キロにも及んだという。九州鉄道（現在のJR鹿児島本線）とも直結し、一時期は一般旅客も乗せ、そのための駅も設置された。当初は蒸気機関車だったが、一九〇九（明治四二）年からは電化工事に着手している。

一九九七（平成九）年の三池鉱山閉山後は専用鉄道もほとんどの路線が廃止されたが、一部路線は現在も大牟田市内の工場の原材料運搬用として使われている。廃止区間のレールは撤去されているが、各所に線路脇の盛土などが残っている。前述の宮原坑跡からも比較的良好な状態で鉄道跡を見ることができる。

こうして炭鉱が港・鉄道と一体的に結ばれた物流

システムが構築され、三池炭鉱の事業はますます拡大していった。團は三池港の築港時、「築港をやれば、そこにまた産業を興すことができる。いくらか百年の基礎になる」と語っている（『男たちの世紀：三井鉱山の百年』三井鉱山株式会社編・発行）。その言葉どおり、一〇〇年以上経った今でも三池港は現役で使われており、閘門も月に二〇日ほど開閉を続けている。

その様子は、時間が合えば埠頭から見ることができる。

大工・小山秀之進にも注目——三角西港も世界遺産に——

この三池港と専用鉄道敷跡は、前述の宮原坑、万田坑と並んで世界遺産に登録されている。石炭関連ではもう一つ、三角《みすみ》西港が世界遺産に登録されている。同港は熊本県の宇土《うと》半島が西に突き出た先端の宇城《うき》市三角町に位置し、明治新政府が手がけた三大築港の一つ。三池炭鉱で採掘された石炭の積出港として一八八四（明治一七）年に着工、八七（明治二〇）年に完成した。

三角西港の埠頭は山から切り出した安山岩を積み上げて造られており、その長さは七五六メートルに及ぶ。埠頭の角に丸みのある輪郭が特徴的だ。これはオランダ人技術者の設計によるもので、埠頭の背後には排水路や石橋、道路などが整然と配置されており、ここにもオランダ風の都市計画がうかがえる。こぢんまりとしているが、入り江と島に囲まれた美しい景色が目の前に広がり、波は穏やか、静かで歴史的な景観をもつ町並みだ。

同港は三池港が開港する前の時期、前述の島原半島・口之津港の補助港として三池炭の積み出しを行っていた。しかし三池港が完成すると、三角西港はその役割を終えた。この三角西港から三池港への展開が、日本の石炭産業の発展の軌跡をよく表している。

実はこの工事を請け負ったのが、あの小山秀之進である。前述のように端島の開発に失敗し失意のうちに故郷・天草に帰った小山だったが、ここで最後の大仕事を成し遂げていたのである。小山とその下で働く天草の石工たちは、埠頭の石積みの角をきれいに揃えて丸みをつけている。こうした曲線の加工は当時の日本ではなかったもので、小山たちにとっても初めての経験だったはずだ。それを見事に仕上げており、技術力の高さと丁寧な仕事ぶりが表れている。

小山の手がけた建築物をおさらいすると、グラバー邸とこの三角西港が世界遺産、小山が一時的に経営に関わった高島炭坑も世界遺産、また端島炭坑も失敗はしたものの一時は関わったわけだ。このほか、小山が建設した長崎・大浦天主堂も「長崎と天草地方の潜伏キ

三池炭鉱からの石炭積み出しの補助港として使われた三角西港。埠頭の石組みの角が丸みを帯びている（熊本県宇城市三角町）

リシタン関連遺産」として世界遺産に登録される見通しだ。小山とその下で働いた大工たちもまた、日本の近代化と産業革命に大きな役割を果たした人物であり、忘れてはならない存在である。

三井財閥の総帥に、そして悲劇的な最期

團の仕事に戻ろう。團は労務問題の改善にも取り組んだ。中でも目立つのが納屋制度の廃止と囚人労働の廃止である。官営時代から三池炭鉱では、労働者の直接の雇用者は炭鉱会社ではなく、納屋頭《がしら》という存在があり、その管理下で労働者が働く

仕組みが一般的だった。労働者の賃金も納屋頭が一括して受け取る制度になっていた。そのため、納屋頭の采配による過酷な労働が強いられたり、賃金が労働者にきちんと支払われないなどの問題があったという。團は三池炭鉱の事務長に就任して間もない一八九〇（明治二三）年頃にいち早くこの廃止を断行した。

また当時は三池炭鉱で多くの囚人を働かせていたが、團はその改善にも取り組んだ。三井鉱山ＯＢの著作によると、一九〇二（明治三五）年に万田坑が操業を開始したとき、三池集治監（重刑者の監獄施設）から囚人使用の新規の申し込みがあったが團は断ったという（石井正則『武士道精神の産業人——團琢磨の生涯』大牟田経済倶楽部）。囚人労働そのものはその後も続いたが、一九三〇（昭和五）年に完全に廃止された。

石炭産業にはこうした前近代的な面が残っていたことや厳しい労働と尊い犠牲があったことは確かだが、石炭産業が日本の近代化のエネルギーを支えたという重要性を忘れてはならない。今ではエネルギー源としての石炭の役割は大幅に低下しているが、そのことが「明治日本の産業革命遺産」の価値を低めるものではない。

さて、三池炭鉱の石炭生産は日本全体の二〇パーセントを占めるほどに成長した。三池炭鉱を管轄する三井鉱山は、三井物産、三井銀行と並ぶ三井グループの御三家の一つに数えられるほど重きをなしていった。

團琢磨と三井の歴史

西暦	和暦	主な出来事
1858	安政5	團琢磨、誕生
1871	明治4	岩倉使節団の一員として渡米、MITに留学（1878年帰国）
1884	明治17	工部省に入省、官営三池鉱山局の技師に
1888	明治21	三池炭鉱が三井に払い下げ
1889	明治22	團、三池炭鉱社事務長に
1891	明治24	三池炭鉱専用鉄道発足
1892	明治25	三井鉱山合資会社設立（翌年、三井鉱山合名会社）
1893	明治26	團、三井鉱山合名会社専務理事に
1898	明治31	宮原坑（第一竪坑）操業開始
1902	明治35	万田坑（第一竪坑）操業開始
1908	明治41	三池港完成
1914	大正3	團、三井合名会社理事長に
1917	大正6	日本工業倶楽部を設立、理事長に
1922	大正11	日本経済連盟会（経団連の前身）を設立、理事長に（後に会長）
1932	昭和7	暗殺される（満73歳）

團は一九一四（大正三）年、三井グループ全体を統括する持ち株会社「三井合名会社」の理事長に選出される。石炭部門のトップから、三井グループ全体の実質的なトップに就任したのである。その後、團は日本工業倶楽部の設立と理事長就任、日本経済連盟会（現在の経団連の前身）の設立と理事長就任など、財界活動にも精力的に取り組んだ。

しかし一九三二（昭和七）年、日本橋の三井本館前で右翼の凶弾に斃れ、悲劇的な最期を遂げたのであった（血盟団事件）。満七三歳だった。

團の生涯は、日本の産業革命と近代化、そして昭和に至る歴史を体現しているとも言えるだろう。

対象となる世界遺産（石炭関連）

高島炭坑（長崎県長崎市）
日本初の近代的炭鉱。1881年に三菱が買収
端島炭坑（長崎県長崎市）
軍艦島として有名。1890年に三菱が買収し開発、主力坑となる。最盛期には人口5000人を超えたが、1974年に閉山
三池炭鉱　宮原坑（福岡県大牟田市）
三井への払い下げ後に団琢磨が初めて開削した坑口で、排水に威力を発揮した。1898年完成、1997年まで稼働
三池炭鉱　万田坑（熊本県荒尾市）
宮原坑に続いて開削、1902年完成。1997年まで稼働
三池炭鉱　専用鉄道敷跡（福岡県大牟田市・熊本県荒尾市）
1891年一部開通し順次拡大。大半は廃線となり枕木などが残る
三池港（福岡県大牟田市）
1908年完成。閘門ドックが特徴で、現在も稼働
三角西港（熊本県宇城市）
明治政府が1887年に完成。三池港開港まで石炭積出に利用

関係 —— 技術の伝播と人的交流

製鉄・製鋼

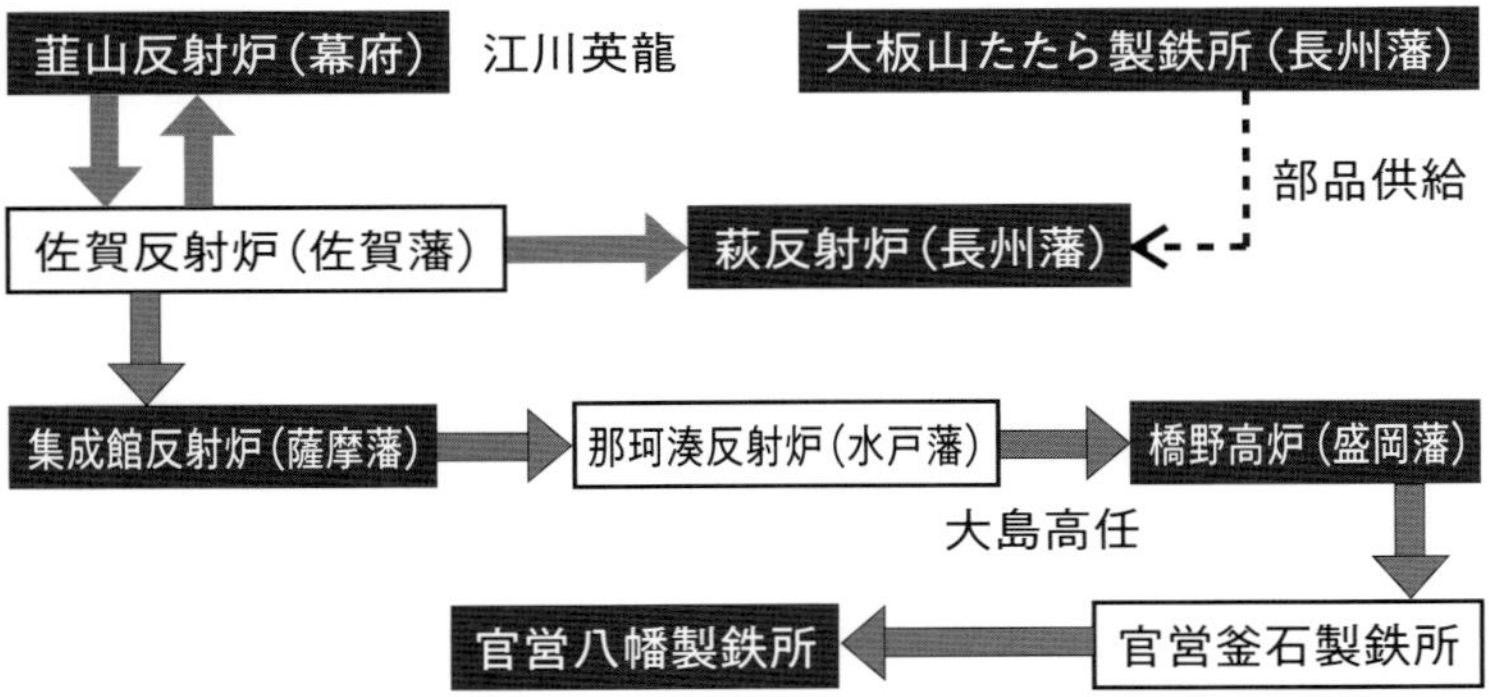

石炭産業

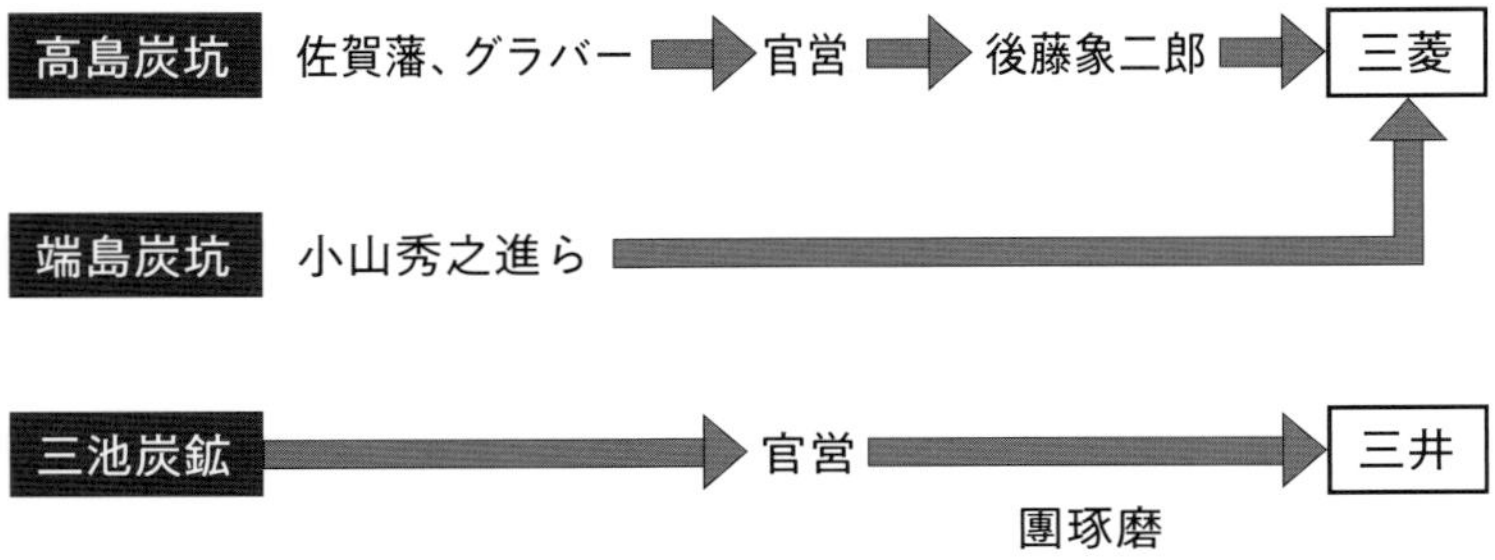

「明治日本の産業革命遺産」各資産の

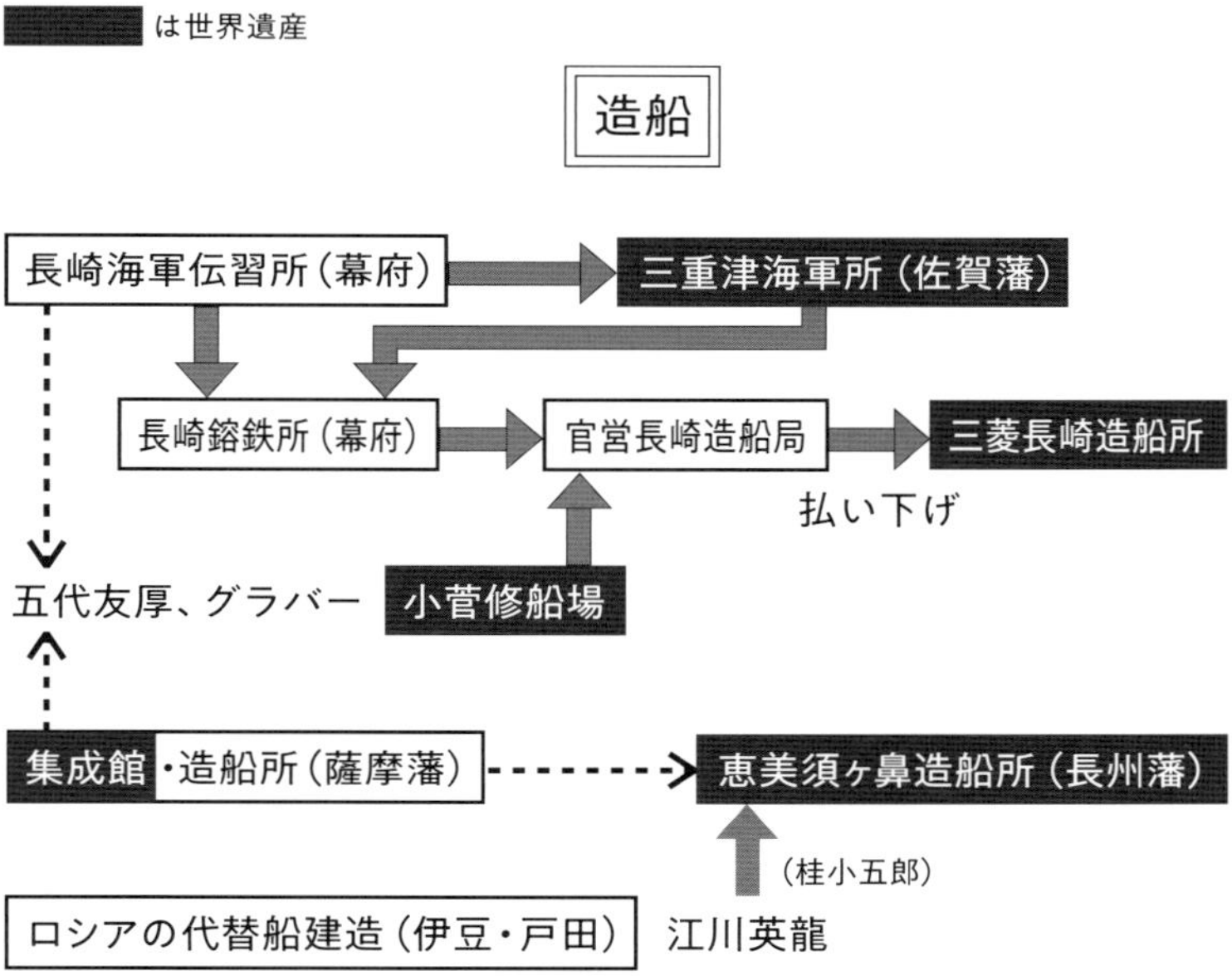

おわりに――日本経済の再生に向けて――

つながる二三の遺産――地域を超えた技術伝播――

これまで世界遺産「明治日本の産業革命遺産　製鉄・製鋼、造船、石炭産業」の全二三資産を訪ね、日本の近代化の軌跡をたどってきた。それらは日本経済のモノづくりの原点であり、現在にまで引き継がれていることを感じ取ることができたと思う。

各構成資産を見渡すと、お互いに異なる地域や異なる時期にわたって人的にも技術的にもつながりを持っていたことがわかる(前ページの図表参照)。幕末のリーダーたちが近代化に指導力を発揮し、その下に数多くのサムライや職人、農民などがプロジェクトに参加し挑戦を続けたわけだが、注目すべきは、彼らが幕府や藩といった枠を超えて独自に交流を重ね、知識や技術が各地に伝播したことだ。それが明治の近代化につながった。

たとえば反射炉の技術は、佐賀藩と伊豆の代官・江川英龍が協力し合って研究が始まり、佐賀から薩摩へ、さらに水戸藩を中継し、釜石での日本初の洋式高炉となって結実した。明治になって官営釜石製鉄所、そして官営八幡製鉄所の建設へと受け継がれていった。

人的交流と技術の伝播は造船にも見られる。幕府は長崎海軍伝習所を開設し、ここで学んだ薩摩藩士・五代友厚は小菅修船場を建設、同じく佐賀藩士・佐野常民は三重津海軍所の責任者となり、いずれも日本の造船業の基礎作りを担った。幕府は長崎伝習所の船の修理や部品製作のため長崎鎔鉄所を建設し、これが明治に入って官営長崎造船局、そして三菱長崎造船所へと発展した。

一方、長州藩士・桂小五郎は江川英龍に弟子入りし、江川が指揮したロシア船の代替船建造を見て、藩に造船所の建設と軍艦建造を進言した。その縁で、多くの長州藩士が江川の主宰する韮山塾に入門する。同塾には幕臣や全国各藩の優秀な若い藩士が集まっていた。その中には後に幕府方と倒幕側の敵味方となる人も数多くいたが、韮山塾が近代化のタネをまいたことは間違いない。

このように立場を超えたサムライたちの交流が技術を広め、日本の技術水準を高めていった。これこそが、時代を大きく動かす原動力となったのである。明治に入ってエネルギーが一気に爆発し、日本は短期間で「奇跡」と言われるような経済発展を遂げたのだった。改めて先人たちの偉大さに驚かされる。「明治日本の産業革命遺産」は、そうした足跡を我々に残してくれている。それが、同遺産の持つ普遍的価値であり、地理的に離れた二三もの資産が一括して世界遺産に登録されたゆえんである。

明治維新から一五〇年経った二〇一八年、「明治日本の産業革命遺産」の各構成遺産の地元ではさまざまな記念事業やイベントを展開し、地域活性化につなげようとしている。その中で重要なことは、各地がばらばらではなく「二三の資産が全体として一つの世界遺産としての価値を持つ」という全体像を多くの人に理解してもらうことだ。

筆者が本書執筆にあたり各資産を取材して回った際、思っていた以上に外国人観光客の姿が目に入った。「日本が非西洋で初めて近代化を成し遂げた発展の跡」というのは外国人をも引きつける要素を持っていることを示している。

日本経済再生へ三つのヒント

最近の日本経済は長年続いた低迷から脱して本格的な復活に向かって動き出している。しかしまだ不十分であり、世界経済も依然として不安定。もうひと踏ん張りが必要だ。そのような中で、「明治日本の産業革命遺産」は日本経済再生のヒントを与えてくれている。

それは次の三つにまとめることができる。

第一は、同遺産が示すようにモノづくりの技術をもっと磨き、日本ならではの力を発揮していくことである。近年の日本は中国などの追い上げを受けているが、それでも製造業の力は世界最高水準であり、他の国にはマネのできない技術力やサービス、ホスピタリティを持っている。日本企業はそこにもっと自信を持ってもいいのではないか。

第二は、ピンチはチャンスに変えられるということだ。思えば、先人たちは幕末の黒船来航と欧米列強による侵略の危機という最大のピンチを乗り切り、そのエネルギーで新しい近代国家を建設しチャンスに変えた。しかも薩摩や長州など西南雄藩は今で言う「成長戦略」によって経済力を高め、明治維新の主役となった。それは全て自力である。もちろん国の補助金も地方交付税もない。地方創生の先駆けと言える。

第三は、先人たちが幾多の困難を乗り越え、新しい時代を作り上げたチャレンジ精神である。第一章で、薩摩藩が若い藩士一九人を密かに英国に派遣したことを紹介したが、そのときに彼らが船出した場所に行ってみて強く感じたことがある。そこは現在の鹿児島県いちき串木野《くしきの》市羽島《はしま》の海岸で、目の前には一八〇度以上の視界に東シナ海が広がっている。まだ海外渡航が禁止されていた時代に決死の覚悟で、あの水平線のはるか向こうの英国に向けて船出していったのだ。その海を眺めながら、当時の人たちにはさぞ高い志があったのだろうと、改めて実感させられた。

本書に登場したリーダーをはじめ、刀を技術に持ちかえたサムライたち、そして厳しい環境のもとで働き、近代化の礎となった数多くの労働者たち――そんな先人の知恵とエネルギー、そして「新しいニッポンを作る」という彼らの高い志に学べば、我々も日本経済を本格的に復活させ新しい時代を切り開くことができるはずだ。明治日本の産業革命遺産はそれを私たちに教えてくれている。先人が残した遺産を日本経済発展のために生かすことは、我々の未来への責任なのである。

本書が地域活性化と日本経済再生の取り組みに少しでも役立てば幸いである。

最後になったが、本書を刊行するにあたり産業遺産国民会議専務理事の加藤康子氏（現・内閣官房参与）、島津興業取締役相談役の島津公保氏をはじめ、多くの関係者、研究者、関係企業・団体の方々に取材や資料提供などのご協力をいただいた。この場を借りて厚く御礼を申し上げたい。

また集英社学芸編集部の佐藤絵利氏に大変お世話になった。『kotoba』誌上での連載時から本書の執筆に至るまで、怠惰な筆者に叱咤激励とアドバイスをいただき、そのおかげで本書を刊行することができたことに感謝したい。

二〇一八年四月

岡田　晃

〈参考文献〉

▼第一章

薩摩のものづくり研究会編著・発行『集成館熔鉱炉（洋式高炉）の研究――薩摩藩集成館熔鉱炉跡発掘調査報告書』（二〇一一年）

尚古集成館編著・発行『島津斉彬の挑戦――集成館事業』（二〇〇三年）

市来四郎編述『斉彬公御言行録』（一八八四年、岩波文庫より『島津斉彬言行録』の名で一九四四年刊行）

南日本新聞編集・発行『かごしま近代化遺産』（二〇〇五年）

五代龍作編・発行『五代友厚傳』（一九三三年）

カッテンディーケ『長崎海軍伝習所の日々』（水田信利訳、平凡社・東洋文庫、一九六四年）

『The Bedford Times & Bedfordshire Independent』（1865.8.1, Bedford Central Library）

▼第二章

道迫真吾「萩反射炉関連史料の調査報告」（『萩博物館調査研究報告・第五号』二〇〇九年、『同・第七号』二〇一一年）

萩博物館編・発行『明治日本の産業革命遺産と萩』（二〇一五年）

新人物往来社編『伊藤博文直話』（新人物文庫、二〇一〇年）

春畝公追頌会編・発行『伊藤博文伝』（一九三六年。原書房より一九七〇年復刊）

井上馨侯伝記編纂会編・発行『世外井上公伝』（一九三三年。原書房より一九六八年復刊）

犬塚孝明『密航留学生たちの明治維新――井上馨と幕末藩士』（ＮＨＫブックス、二〇〇一年）

▼第三章

久米邦武編述・中野礼四郎編『鍋島直正公傳』（侯爵鍋島家編纂所、一九二〇〜一九二一年）

佐賀市教育委員会編・発行『佐賀市重要産業遺跡関係調査報告書』（二〇〇九〜二〇一七年）

杉谷昭『鍋島直正』（佐賀県立佐賀城本丸歴史館、二〇一〇年）

田中耕作『幕末の鍋島佐賀藩――10代藩主直正（閑叟）とその時代』（佐賀新聞社、二〇〇四年）
▼第四章
仲田正之『江川坦庵』（吉川弘文館、一九八五年）
公益財団法人江川文庫・橋本敬之『勝海舟が絶賛し、福沢諭吉も憧れた 幕末の知られざる巨人 江川英龍』（角川ＳＳＣ新書、二〇一四年）
公益財団法人静岡県文化財団著・発行『幕末の産業革命 韮山反射炉～伊豆韮山代官 江川太郎左衛門の挑戦～』（しずおかの文化新書、二〇一五年）
福沢諭吉『福翁自伝』（富田正文校訂、岩波文庫、一九七八年）
▼第五章
ブライアン・バークガフニ『グラバー家の人々 花と霜』（平幸雪訳、長崎文献社、二〇〇三年）
楠戸義昭・野田和子『もう一人の蝶々夫人 長崎グラバー邸の女主人ツル』（毎日新聞社、一九九七年）
杉山伸也『明治維新とイギリス人商人―トマス・グラバーの生涯―』（岩波新書、一九九三年）
『The Aberdeen Free Press』（1866.6.22, Aberdeen Central Library）
▼第六章
岩崎家傳記刊行會編『岩崎彌太郎傳』（東京大学出版会、一九六七年。一九七九年復刊）
成田誠一『岩崎彌太郎物語――「三菱」を築いたサムライたち』（毎日ワンズ、二〇一〇年）
公益財団法人三菱経済研究所編・発行『三菱のあゆみ』（二〇一六年）
三菱創業百年記念事業委員会編纂・発行『三菱の百年』（一九七〇年）
▼第七章
半澤周三『大島高任 日本産業の礎を築いた「近代製鉄の父」』（ＰＨＰ研究所、二〇一一年）
釜石市教育委員会編集・発行『橋野鉄鉱山―日本近代製鉄の先駆け―』（二〇一五年）
百年史編纂委員会編『鐵と共に百年』（新日本製鉄釜石製鉄所、一九八六年）

八幡製鉄所史編さん実行委員会『八幡製鐵所八十年史』（新日本製鉄八幡製鉄所、一九八〇年）

▼第八章

後藤恵之輔ほか「端島（軍艦島）における聞き取り調査及び現地調査」（『長崎大学工学部研究報告』第三五巻第六四号、二〇〇五年）

故團男爵傳記編纂委員會編纂『男爵団琢磨伝』（ゆまに書房、一九九八年）

石井正則『武士道精神の産業人　團琢磨の生涯』（大牟田経済倶楽部、二〇〇一年）

三井鉱山株式会社編・発行『男たちの世紀：三井鉱山の百年』（一九九〇年）

▼共通

加藤康子『産業遺産　「地域と市民の歴史」への旅』（日本経済新聞社、一九九九年）

中野俊雄「江戸幕末における反射炉」（『鍛造工学』第八〇巻第八号、二〇〇八年）

大橋周治『幕末明治製鉄論』（アグネ、一九七五年）

泉三郎『堂々たる日本人――この国のかたちを創った岩倉使節団「米欧回覧」の旅』（祥伝社、二〇〇一年）

アーネスト・サトウ『一外交官の見た明治維新』（坂田精一訳、岩波文庫、一九六〇年）

ラザフォード・オールコック『大君の都――幕末日本滞在記』（山口光朔訳、岩波文庫、一九六二年）

国際ニュース事典出版委員会・毎日コミュニケーションズ編『外国新聞に見る日本：国際ニュース事典第一巻（1852～1873）』（毎日コミュニケーションズ、一九八九年）

〈取材協力・資料提供等〉

尚古集成館
薩摩藩英国留学生記念館
松平文庫
福井県立図書館
鹿児島県
大阪取引所
萩市
萩博物館
山口県文書館
公益財団法人鍋島報效会
佐賀城本丸歴史館
佐野常民記念館
佐賀県
佐賀市教育委員会
公益財団法人江川文庫
長崎県
グラバー園
ブライアン・バークガフニ氏
三菱重工業長崎造船所
公益財団法人三菱経済研究所三菱史料館

釜石市
新日鐵住金八幡製鐵所
新日鐵住金釜石製鐵所
長崎文献社
公益財団法人三井文庫
大牟田市
大牟田市石炭産業科学館
三池物流
国立国会図書館
一般財団法人産業遺産国民会議
Aberdeen Central Library,UK
Bedford Central Library,UK
University College London,UK

〈著者プロフィール〉

岡田　晃（おかだ　あきら）

経済評論家、大阪経済大学客員教授。

一九四七年大阪市生まれ。

一九七一年慶応義塾大学経済学部卒業、同年日本経済新聞入社。記者、編集委員を経て、一九九一年テレビ東京に異動。

経済部長、テレビ東京アメリカ（米国現地法人）社長、テレビ東京理事・解説委員長を歴任。その間、「ワールドビジネスサテライト（ＷＢＳ）」をはじめ数多くの経済番組のキャスター、コメンテーター、プロデューサーをつとめた。

二〇〇六年テレビ東京を退職。

同年に大阪経済大学客員教授に就任するとともに、経済評論家として活躍。
●著書：『やさしい「経済ニュース」の読み方』（三笠書房）
●ホームページ：「岡田晃の快刀乱麻」http://okada-akira.jp/

カバーデザイン：宮坂　淳（snowfall inc.）
本文デザイン：玉井いずみ

ラストサムライの挑戦《ちょうせん》！　技術立国《ぎじゅつりっこく》ニッポンはここから始《はじ》まった！

明治日本《めいじにほん》の産業革命遺産《さんぎょうかくめいいさん》

二〇一八年五月三〇日　第一刷発行

著者　岡田《おかだ》　晃《あきら》

発行者　茨木政彦

発行所　株式会社　集英社

〒一〇一－八〇五〇　東京都千代田区一ツ橋二－五－一〇

電話　編集部　〇三（三二三〇）六〇六八

読者係　〇三（三二三〇）六〇八〇

販売部　〇三（三二三〇）六三九三（書店専用）

印刷所　大日本印刷株式会社

製本所　株式会社ブックアート

定価はカバーに表示してあります。

ISBN 978-4-08-786100-6　C0095